20~22cm 인형을 위한 니트 스타일 80

손뜨개 인형옷

와타나베 미에코 지음 | 이은정 옮김 | 이문옥 감수

1   뜨개 케이프 how to knit p.46

 라의눈

CONTENTS

1. 뜨개 케이프 p.1
2. 긴소매 줄무늬 스웨터 p.4
3. 긴소매 모헤어 스웨터 p.4, 5, 7
4. 긴소매 줄무늬 스웨터 p.4
5. 긴소매 모헤어 줄무늬 스웨터 p.4
6. 긴소매 스웨터 p.4, 7, 21
7. 폼폼 베레모 p.5, 29
8. 3색 스트라이프 머플러 p.5, 29
9. 모헤어 케이프 p.6
10. 2way 퍼프 슬리브 카디건 p.6, 22
11. 하운드투스 체크무늬 스커트 p.6
12. 라메 백 p.6, 21, 28
13. 뜨개 모자 p.7, 29
14. 뜨개 케이프 p.7
15. 뜨개 모자 p.7, 29
16. 뜨개 케이프 p.7
17. 폼폼 베레모 p.8, 29
18. 4색 카디건 p.8
19. 뜨개 고깔모자 p.9, 18
20. 반소매 스웨터 p.9, 11
21. 3색 카디건 p.9
22. 아란 포셰트 p.9, 14, 19
23. 폼폼 베레모 p.10, 21, 29
24. 칼라 달린 재킷 p.10
25. 3색 스트라이프 머플러 p.10, 29
26. 뜨개 폼폼 모자 p.11, 28
27. 노르딕 재킷 p.11
28. 뜨개 폼폼 모자 p.11, 28
29. 노르딕 재킷 p.11
30. 2way 아란 카디건 p.12
31. 줄무늬 토트백 p.12, 26, 27, 28
32. 이어 머플러 & 티핏 p.13, 28
33. 2way 아란 롱 카디건 p.13
34. 모헤어 후드 재킷 p.14
35. 반소매 줄무늬 스웨터 p.14, 15
36. 캉캉 모자 p.14, 26
37. 모헤어 V넥 스웨터 p.14
38. 비니 p.16, 29
39. 줄무늬 터틀 스웨터 p.16
40. 아란 포셰트 p.16, 29
41. 비니 p.16, 29
42. 줄무늬 터틀 스웨터 p.16
43. 토트백 p.16, 27, 28
44. 3색 V넥 스웨터 p.17
45. 3색 후드 재킷 p.17
46. 뜨개 고깔모자 p.18
47. 2way 노르딕 카디건 p.18
48. 뜨개 고깔모자 p.18
49. 2way 노르딕 카디건 p.18
50. 2way 노르딕 카디건 p.18
51. 뜨개 고깔모자 p.19
52. 2way 노르딕 카디건 p.19
53. 2way 모헤어 로우게이지 볼레로 p.20
54. 마르쉐 백 p.20, 24, 27
55. 촘촘뜨기 클로슈 p.20, 26
56. 2way 로우게이지 볼레로 p.20
57. 깅엄체크 스커트 p.21
58. 반소매 스웨터 p.21
59. 모헤어 코쿤 볼레로 p.21
60. 하운드투스 체크무늬 스커트 p.21
61. 이어 머플러 & 티핏 p.22
62. 2way 모헤어 퍼프 슬리브 카디건 p.22
63. 서클 모티브 포셰트 p.22, 27
64. 라메 백 p.22, 23, 28
65. 깅엄체크 스커트 p.22
66. 캉캉모자 p.23, 25, 26, 27
67. 코쿤 볼레로 p.23
68. 연속 모티브 벙거지 p.23, 26
69. 모헤어 코쿤 볼레로 p.23
70. 서클 모티브 포셰트 p.23, 25, 27
71. 촘촘뜨기 클로슈 p.24
72. 줄무늬 빅 풀오버 p.24
73. 2way 오픈워크 볼레로 p.25
74. 연속 모티브 벙거지 p.25
75. 2way 오픈워크 볼레로 p.25
76. 2way 로우게이지 볼레로 p.27
77. 마르쉐 백 p.27
78. 마르쉐 백 p.27
79. 뜨개 폼폼 모자 p.28
80. 모헤어 모자 p.28

HOW TO MAKE

손뜨개를 시작하기 전에 p.30
긴소매 줄무늬 스웨터 뜨기 p.32
손뜨개의 기초 p.41
작품 뜨기 p.44

2 긴소매 줄무늬 스웨터 how to knit p.32、44
3 긴소매 모헤어 스웨터 how to knit p.44
4 긴소매 줄무늬 스웨터 how to knit p.44
5 긴소매 모헤어 줄무늬 스웨터 how to knit p.44
6 긴소매 스웨터 how to knit p.44

7 폼폼 베레모 how to knit p.48
8 3색 스트라이프 머플러 how to knit p.49
3 긴소매 모헤어 스웨터 how to knit p.44

9 모헤어 케이프 how to knit p.46
10 2way 퍼프 슬리브 카디건 how to knit p.50
11 하운드투스 체크무늬 스커트 how to knit p.51
12 라메 백 how to knit p.56

13 뜨개 모자 how to knit p.48
14 뜨개 케이프 how to knit p.46
3 긴소매 모헤어 스웨터 how to knit p.44

15 뜨개 모자 how to knit p.48
16 뜨개 케이프 how to knit p.46
6 긴소매 스웨터 how to knit p.44

DOLL KNIT

17 폼폼 베레모 how to knit p.48
18 4색 카디건 how to knit p.52

19 뜨개 고깔모자 how to knit p.74
20 반소매 스웨터 how to knit p.44
21 3색 카디건 how to knit p.52
22 아란 포셰트 how to knit p.58

23 폼폼 베레모 how to knit p.48
24 칼라 달린 재킷 how to knit p.54
25 3색 스트라이프 머플러 how to knit p.49

26 뜨개 폼폼 모자 how to knit p.57
27 노르딕 재킷 how to knit p.54

28 뜨개 폼폼 모자 how to knit p.57
20 반소매 스웨터 how to knit p.44
29 노르딕 재킷 how to knit p.54

30 2way 아란 카디건 how to knit p.59
31 줄무늬 토트백 how to knit p.62

32 이어 머플러 & 티핏 how to knit p.63
33 2way 아란 롱카디건 how to knit p.59

DOLL KNIT 13

34 모헤어 후드 재킷 how to knit p.64
35 반소매 줄무늬 스웨터 how to knit p.44
22 아란 포셰트 how to knit p.58
36 캉캉모자 how to knit p.67
37 모헤어 V 넥 스웨터 how to knit p.68

35 반소매 줄무늬 스웨터 how to knit p.44

38 비니 how to knit p.76
39 줄무늬 터틀 스웨터 how to knit p.70
40 아란 포셰트 how to knit p.58

41 비니 how to knit p.76
42 줄무늬 터틀 스웨터 how to knit p.70
43 토트백 how to knit p.62

44 3색 V넥 스웨터 how to knit p.68
45 3색 후드 재킷 how to knit p.64

46 뜨개 고깔모자 how to knit p.74
47 2way 노르딕 카디건 how to knit p.72
48 뜨개 고깔모자 how to knit p.74
49 2way 노르딕 카디건 how to knit p.72
19 뜨개 고깔모자 how to knit p.74
50 2way 노르딕 카디건 how to knit p.72

51 뜨개 고깔모자 how to knit p.74
52 2way 노르딕 카디건 how to knit p.72
22 아란 포셰트 how to knit p.58

DOLL KNIT 19

53 2way 모헤어 로우게이지 볼레로 how to knit p.78
54 마르쉐 백 how to knit p.86
55 촘촘뜨기 클로슈 how to knit p.82
56 2way 로우게이지 볼레로 how to knit p.78

23 폼폼 베레모 how to knit p.48
6 긴소매 스웨터 how to knit p.44
57 깅엄체크 스커트 how to knit p.82
58 반소매 스웨터 how to knit p.44
59 모헤어 코쿤 볼레로 how to knit p.81
60 하운드투스 체크무늬 스커트 how to knit p.51
12 라메 백 how to knit p.56

DOLL KNIT 21

61 이어 머플러 & 티핏 how to knit p.63
62 2way 모헤어 퍼프 슬리브 카디건 how to knit p.50
63 서클 모티브 포셰트 how to knit p.66

10 2way 퍼프 슬리브 카디건 how to knit p.50
64 라메 백 how to knit p.56
65 깅엄체크 스커트 how to knit p.82

66 캉캉모자 how to knit p.67
67 코쿤 볼레로 how to knit p.81
64 라메 백 how to knit p.56

68 연속 모티브 벙거지 how to knit p.77
69 모헤어 코쿤 볼레로 how to knit p.81
70 서클 모티브 포셰트 how to knit p.66

71 촘촘뜨기 클로슈 how to knit p.82
72 줄무늬 빅 풀오버 how to knit p.79
54 마르쉐 백 how to knit p.86

66 캉캉 모자 how to knit p.67
73 2way 오픈워크 볼레로 how to knit p.84
70 서클 모티브 포셰트 how to knit p.66

74 연속 모티브 벙거지 how to knit p.77
75 2way 오픈워크 볼레로 how to knit p.84

DOLL KNIT 25

31 줄무늬 토트백 how to knit p.62
55 촘촘뜨기 클로슈 how to knit p.82
66 캉캉 모자 how to knit p.67
36 캉캉 모자 how to knit p.67
68 연속 모티브 벙거지 how to knit p.77

66 캉캉 모자 how to knit p.67
76 2way 로우게이지 볼레로 how to knit p.78
43 토트백 how to knit p.62
31 줄무늬 토트백 how to knit p.62
54 마르쉐 백 how to knit p.86

77 마르쉐 백 how to knit p.86
78 마르쉐 백 how to knit p.86
63 서클 모티브 포셰트 how to knit p.66
70 서클 모티브 포셰트 how to knit p.66

DOLL KNIT

26 뜨개 폼폼 모자 how to knit p.57	80 모헤어 모자 how to knit p.48	41 비니 how to knit p.76
79 뜨개 폼폼 모자 how to knit p.57	32 이어 머플러 & 티핏 how to knit p.63	38 비니 how to knit p.76
28 뜨개 폼폼 모자 how to knit p.57	64 라메 백 how to knit p.56	15 뜨개 모자 how to knit p.48
43 토트백 how to knit p.62	12 라메 백 how to knit p.56	13 뜨개 모자 how to knit p.48
31 줄무늬 토트백 how to knit p.62		17 폼폼 베레모 how to knit p.48

23 폼폼 베레모 how to knit p.48
7 폼폼 베레모 how to knit p.48
40 아란 포셰트 how to knit p.58
8 3색 스트라이프 머플러 how to knit p.49
25 3색 스트라이프 머플러 how to knit p.49

DOLL KNIT

HOW TO MAKE

손뜨개를 하기 전에

이 책에서 사용하는 재료와 도구를 소개합니다.
만드는 방법 페이지를 참고해 작품에 맞는 재료와 도구를 준비하세요.

실

1　퍼피 NEW 2PLY (25g/1타래)
2　퍼피 NEW 3PLY (40g/1타래)
3　퍼피 키드 모헤어 파인 (25g/1타래)
4　퍼피 브리티시 파인 (25g/1타래)
5　DARUMA 라메 레이스실 #30 (20g/1타래)
6　DARUMA 레이스실 #40 무라사키노 (10g/1타래)
7　올림푸스 사시코실 〈가는 타입〉 (약 80m)
8　올림푸스 사시코실 (약 20m)

바늘

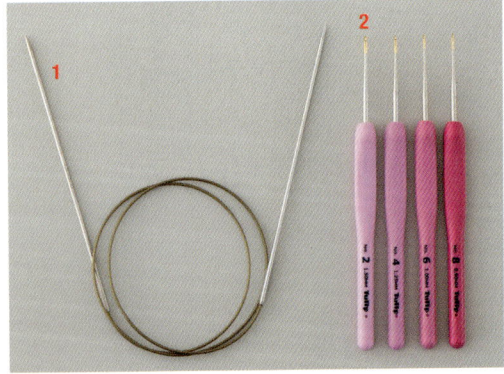

1　80cm 줄바늘
이 책에서는 1.5mm, 1.75mm, 2mm[0호](*), 2.5mm[1호](*), 2.75mm[2호](*), 3mm[3호]를 사용합니다.
※[ ] 안은 일본의 호수로 숫자가 클수록 굵어진다. [ ]가 없는 바늘은 일본 이외의 제품.

2　No.0~8 레이스용 코바늘[에티모로제](*)
※숫자가 클수록 가늘어진다.
＊= 튤립 제공

도구

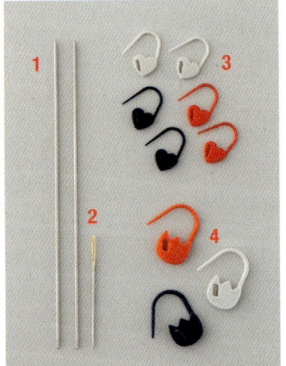

1　1.3mm 비즈 뜨기 바늘 쇼트(*)…교차뜨기 바늘로 사용
2　털실용 돗바늘 샤프(*)…실 정리에 사용
3　단수 표시 마커(소)(*)…코 또는 단의 개수와 위치 표시에 사용
4　단수 표시 마커(*)…소매의 쉼코에 사용
＊= 튤립 제공

부자재

1　단추…지름 0.3~0.6cm
2　샹크 단추…지름 0.3cm
3　걸고리 후크…이 책에서는 걸고리 쪽만 사용해서 뜨개코에 건다.

실의 분량

이 책의 작품은 1타래 이상 사용하지 않습니다. 따라서 각 작품의 만드는 방법 페이지에서는 실의 양을 기재하지 않았습니다.
A~F의 작품은 모두 퍼피 NEW 3PLY를 썼는데, 작품 하나당 약 6g을 사용했습니다.

만드는 방법 A:44쪽, B:44쪽, C:50쪽, D:68쪽, E:52쪽, F:64쪽

퍼피 NEW 3PLY
(40g/1타래)로 A에서 F까지
6장을 뜰 수 있습니다.

게이지

이 책에서 사용하는 게이지는 가로세로 1cm×1cm의 정사각형입니다.
게이지는 지정한 실과 바늘로 3~5cm(가로)×3~5cm(세로)의 스와치를 뜬 다음에, 중앙의 가로셀 1cm 정사각형을 기준으로 잡습니다.
콧수가 많을 때는 느슨하게, 적을 때는 촘촘하게 뜹니다. 인형용 니트는 비교적 촘촘하게 떠야 완성했을 때 예쁩니다.

퍼피 NEW 3PLY   실물 크기

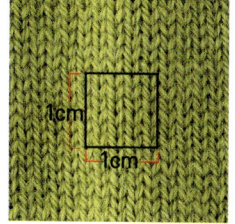 

가로세로 1cm×1cm 게이지:
4.5코 6단

가로세로 1cm×1cm 게이지:
4.5코 6단

퍼피 NEW 2PLY   실물 크기

가로세로 1cm×1cm 게이지:
5.5코 7단

가로세로 1cm×1cm 게이지:
5.5코 7단

이 책의 작품에 맞는 인형 크기

이 책은 20~22cm 인형을 위한 뜨개 아이템을 소개합니다.
화보의 인형은 오비츠제작소의 부품을 조합해서 만들었습니다.

인형에게 옷을 입힐 때 주의할 점

인형의 손가락 끝이 뜨개코에 걸리지 않도록 랩이나 마스킹 테이프로 손가락 끝을 잘 감싸주세요. 팔이 분리된다면 옷을 입힐 때 팔을 분리하세요. V넥 스웨터는 뒤트임이 없으므로 입힐 때 머리를 분리하는 것이 좋습니다. 만약 머리가 분리되지 않는다면 목둘레의 코막음을 느슨하게 해서 머리가 들어가는지 확인한 후 완성하세요.

DOLL KNIT

긴소매 줄무늬 스웨터 뜨기

목부터 뜨는 뒤트임이 있는 스웨터는 소매 달기, 코막음, 코잇기가 없어서 뜨기 쉽습니다.
뒤트임까지는 왕복으로, 몸판은 원통으로 뜨면 됩니다.
이 작품으로 중요한 포인트와 마무리까지 자세하게 설명할 테니 다른 작품을 뜰 때도 참고하세요.

사진 : 4쪽   만드는 방법 : 44쪽

Step1 코 만들기

1
2mm 80cm 줄바늘 1개를 사용해 손가락에 실을 걸어 코를 만듭니다. 뒤쪽의 단춧고리용으로 실을 20cm 정도 남깁니다.

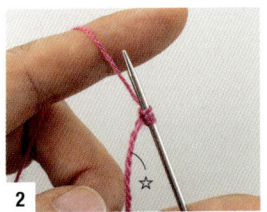
2
2~3코를 만든 후 엄지손가락에 걸린 실(☆)에서 손을 떼고 꼬임을 되돌립니다.

꼬임을 되돌리지 않으면… ✗
꼬임을 되돌리지 않고 진행하면 사진처럼 실이 풀려서 잘리는 경우가 있습니다.

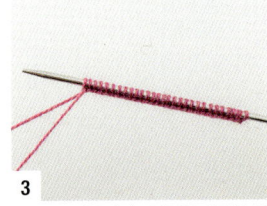
3
29코를 만듭니다. 이것이 1단이 됩니다.

Step2 목둘레 뜨기

1
2단을 뜹니다. 양 끝의 3코는 안쪽에서 안뜨기로 가터뜨기를 합니다.

2
다음에는 돌려 1코 고무뜨기를 합니다. 첫 번째 코는 돌려뜨기(안뜨기) 합니다.

3
다음은 겉뜨기를 합니다. 이후 기호 도안대로 뜹니다.

4
목둘레 7단이 완성되었습니다.

Step3 요크 뜨기

1
1단: 색을 바꿔서 코늘리기 위치에 마커를 걸면서 뜹니다.

2
1단을 떴습니다.

🔍 오른쪽 위 꼬아 코 늘리기

3
2단: 오른쪽 바늘로 코와 코 사이에 걸쳐진 실을 뒤쪽에서 줍고 왼쪽 바늘을 앞쪽(뜨는 사람 기준)에서 넣어 겉뜨기 합니다.

4
늘리기를 했습니다.

🔍 왼쪽 위 꼬아 코 늘리기

5
왼쪽 바늘로 코와 코 사이에 걸쳐진 실을 뒤쪽에서 줍고 오른쪽 바늘을 화살표 방향으로 넣습니다.

6
오른쪽 바늘을 당겨서 뜨개코를 넓힙니다.

7
넓어진 코를 손가락 끝으로 누르고 오른쪽 바늘을 앞쪽(뜨는 사람 기준)에서 넣어 겉뜨기 합니다.

8
늘리기를 했습니다. 이후 기호 도안대로 뜹니다.

⚲ 왼쪽 위 꼬아 코 늘리기 (안뜨기)

9
3단: 왼쪽 바늘로 코와 코 사이에 걸쳐진 실을 뒤쪽에서 줍습니다.

10
실을 앞쪽(뜨는 사람 기준)에 두고 오른쪽 바늘을 앞쪽에서 넣습니다.

11
실을 걸어 뺀 다음 안뜨기를 합니다.

12
늘리기(안뜨기)를 했습니다.

⚲ 오른쪽 위 꼬아 코 늘리기(안뜨기)

13
오른쪽 바늘로 실을 앞쪽(뜨는 사람 기준)에 두고 코와 코 사이에 걸쳐진 실을 뒤쪽에서 줍고 왼쪽 바늘을 앞쪽에서 넣어 옮깁니다.

14
옮긴 상태. 오른쪽 바늘을 당겨서 뜨개코를 넓힙니다.

15
넓어진 코를 손가락 끝으로 누르고 오른쪽 바늘을 화살표처럼 뒤쪽에서 넣어 안뜨기 합니다.

16
늘리기(안뜨기)를 했습니다.

17
기호 도안대로 코를 늘리면서 요크의 15단을 떴습니다.

Step4
앞뒤 몸판 뜨기

1
10코를 뜨고 나서 오른쪽 소매의 12코를 6코씩 나눠서 마커를 끼워 쉼코로 합니다.

ⓦ 감아코 만들기

2
바늘에 실을 돌려 소매의 쉼코 위에 감아코 만들기를 합니다.

3
2를 반복해서 감아코 4코를 만듭니다.

4
왼쪽 소매도 같은 방법으로 해서 1단째를 떴습니다. 기호 도안대로 10단을 뜹니다.

∨ 걸러뜨기

5
뒤트임까지 뜬 후 다음 단부터는 원통으로 뜹니다. 첫 번째 코는 걸러뜨기 합니다. 즉, 뜨지 않고 오른쪽 바늘로 옮기면 됩니다.

매직루프로 원통 뜨기

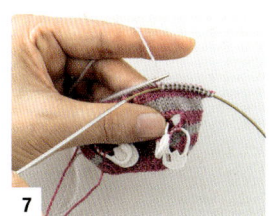
6
여기서부터 매직루프로 뜹니다. 뒤의 12코를 뜹니다.

7
오른쪽 바늘을 뺍니다.

DOLL KNIT

8 오른쪽 뒤의 12코는 겉면이 밖으로 나오게 해서 맞춰 잡습니다.

9 7에서 뺀 바늘로 앞의 25코를 뜹니다.

10 앞 25코까지 뜬 상태.

11 바늘의 줄을 화살표 방향으로 당겨서 원을 넓힌 다음, 왼쪽 바늘에 오른쪽 뒤 12코를 통과시킵니다.

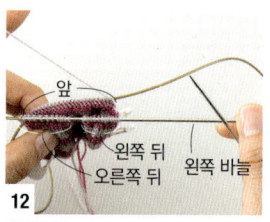

12 왼쪽 바늘에 오른쪽 뒤 12코를 통과시킨 상태. 앞 25코에서 오른쪽 바늘을 뺍니다.

13 왼쪽 뒤 11코를 뜹니다.

14 12코째와 1코째의 걸러뜨기를 오른코 겹쳐 2코 모아뜨기 합니다.

15 오른코 겹쳐 2코 모아뜨기 하고 원통으로 이어서 1단째를 떴습니다. 기호 도안대로 원통으로 뜹니다.

코막음

16 밑단의 돌려 1코 고무뜨기를 해서 앞뒤 몸판을 떴습니다.

17 다 뜨고 나서 이전 단과 동일한 기호로 덮어씌워 코막음을 합니다.

18 실을 10cm 정도 남기고 자른 다음 실을 빼냅니다.

체인 잇기

19 돗바늘로 첫 번째 코의 코머리를 2개 줍습니다.

20 마지막 코의 뒤쪽 코머리 1개에 사슬코를 만들 듯이 통과시킵니다.

21 이어졌습니다.

실 정리

22 안쪽에서 반코를 나눠서 3~4단을 통과시킵니다.

23 옆 반코의 반대 방향에서 같은 방법으로 통과시키고 22와 같은 코에 다시 통과시킨 다음 자릅니다.

Step5 소매를 원통으로 뜨기
매직루프로 원통 뜨기

1 마커를 걸어 둔 6코의 쉼코를 어깨 쪽에서 줄바늘을 통과시킵니다.

2 바늘 줄의 원통을 어깨 중앙에 남기고 반대쪽 6코에도 동일하게 통과시킵니다.

3 만든 감아코 2코째에 레이스용 코바늘(No.2)을 넣습니다. 새 실을 붙여서 뺍니다.

4 왼쪽 옆 코도 동일하게 뺍니다.

5 뺀 2코에 오른쪽 바늘을 오른쪽에서 넣어 줄바늘로 옮깁니다.

6 레이스용 코바늘을 뺍니다. 뜨개코가 느슨해지지 않도록 실을 당깁니다.

7 이어서 바늘에 걸린 코를 뜨고 매직루프로 소매를 원통으로 뜹니다.

8 1단째의 마지막 2코는 만든 감아코에서 줍습니다. 레이스용 코바늘을 넣습니다.

9 실을 걸어서 뺍니다.

10 오른쪽 바늘로 옮깁니다. 왼쪽 옆코도 동일하게 뺍니다.

11 1단째를 완성했습니다. 이후 기호도안대로 원통으로 뜹니다. 소매를 다 뜨고 나서 앞뒤 몸판의 밑단과 동일하게 처리합니다.

12 다른 쪽 소매도 동일하게 뜹니다.

Step6 뒤의 단춧고리 뜨기

1 뜨기 시작했을 때 남겨 둔 실을 레이스용 코바늘(No.2)로 뜹니다. 화살표 방향으로 바늘을 넣습니다.

2 실을 걸어서 뺀 다음 사슬뜨기로 5코를 뜹니다.

3 실을 10cm 정도 남기고 자른 다음 돗바늘로 목둘레 5단째 끝코를 줍습니다.

4 사슬뜨기의 마지막 코에 돗바늘을 넣어 실을 정리합니다.

Step7 겨드랑이 정리하기 (눈에 띄는 구멍 막기)

1 소매를 뜨기 시작했을 때 남겨 둔 실을 돗바늘에 꿰어, 겨드랑이의 구멍 아래쪽으로 빼냅니다.

2 1단 위의 2줄에 통과시킵니다.

3 1에서 뺀 코에 넣습니다.

4 실을 뺀 다음 안에서 실을 정리합니다. 반대쪽도 같은 방법으로 정리합니다. ※구멍이 눈에 띄지 않으면 생략해도 됩니다.

Step8 온수에 담그기

5 스웨터가 완성되었습니다.

1 재봉실을 사용해 뒤트임을 맞대어 감침질합니다. 40도 전후의 온수에 담급니다.

2 가볍게 짠 다음 수건에 감쌉니다.

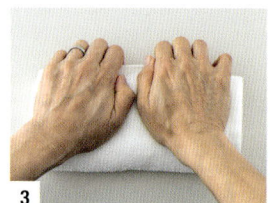
3 위에서 누릅니다.

Step9 뜨개코 정리하기

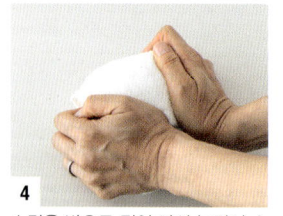
4 수건을 반으로 접어 다시 눌러서 수분을 제거합니다.

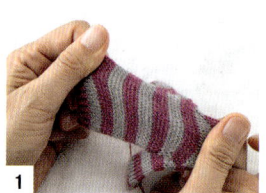
1 세로로 늘려서 뜨개코를 넓힙니다.

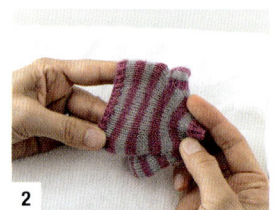
2 가로로 늘려서 뜨개코를 넓힙니다. 반복해서 뜨개코를 정리합니다.

3 소매도 마찬가지로 가로세로로 뜨개코를 넓혀 뜨개코를 정리합니다.

4 소맷부리와 목둘레의 고무뜨기는 손 끝으로 잡아서 늘립니다.

5 펜 뚜껑 등을 소매 안쪽으로 밀어 넣습니다.

6 다른쪽 소매도 똑같이 해줍니다.

7 안쪽에 화학솜을 채워 말려줍니다.

Step10 단추 달기

완전히 마르면 단추를 답니다. 아래 사진은 실물 크기입니다.

뒤

앞

칼라와 앞단 마무리

사진: 1쪽, 6쪽, 7쪽
만드는 방법: 46쪽

앞이 트인 케이프나 칼라 달린 재킷, 후드 달린 재킷은 잘 늘어나는 고무뜨기 부분을 홈질한 다음 Step8~9의 작업을 합니다. 케이프는 화학솜을 채운 후 앞단을 가는 시침핀으로 고정합니다.

1
목둘레의 1코 고무뜨기 1단째에 재봉실로 홈질합니다.

2
실을 당겨서 묶습니다.
36쪽의 **Step 8~9** 작업을 합니다.

3
모양을 정돈하고, 앞단과 밑단을 시침핀으로 고정해 완전히 말립니다.

2way 아란 카디건, 롱 카디건 뜨기의 포인트

사진: 12쪽, 13쪽   만드는 방법: 59쪽

교차뜨기용 바늘은 1.3mm 비즈뜨기 바늘을 사용합니다.

오른쪽 위 돌려 1코 교차뜨기(아래쪽이 안뜨기)

1. 1코를 다른 바늘로 옮겨서 앞쪽(뜨는 사람 기준)에 둡니다.
2. 다른 바늘이 빠지지 않도록 바늘 끝을 아래쪽의 뜨개 면에 끼워 둡니다.
3. 다음 1코는 안뜨기를 합니다.
4. 다른 바늘로 옮긴 코를 왼쪽 바늘로 되돌리고 돌려뜨기로 뜹니다. 오른쪽 위 돌려 1코 교차뜨기(아래쪽이 안뜨기)를 했습니다.

왼쪽 위 돌려 1코 교차뜨기(아래쪽이 안뜨기)

1. 1코를 다른 바늘로 옮겨서 뜨개 면의 뒤쪽에 두고, 다른 바늘이 빠지지 않도록 바늘 끝을 뜨개 면에 끼워 둡니다.
2. 다음 코를 돌려뜨기로 뜹니다.
3. 다른 바늘의 코를 왼쪽 바늘로 되돌리고 안뜨기 합니다.
4. 왼쪽 위 돌려 1코 교차뜨기(아래쪽이 안뜨기)를 했습니다.

한길긴뜨기의 2코 구슬뜨기+사슬 1코

 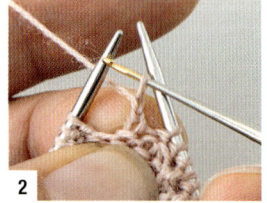  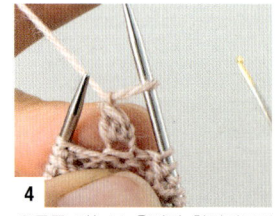

1. 레이스용 코바늘(No.6)을 앞에서 넣어서 왼쪽 바늘의 코를 뺍니다.
2. 사슬 2코를 뜹니다.
3. 1의 코에 미완성 한길긴뜨기를 2코 뜨고 실을 걸어서 뺀 다음, 바늘에 실을 걸어 다시 뺍니다.
4. 오른쪽 바늘로 옮기면 한길긴뜨기 2코 구슬뜨기가 되었습니다.

기호 도안대로 뜹니다.

앞몸판   뒤몸판

케이프, 칼라 달린 재킷, 노르딕 재킷의 뜨기 포인트

사진: 1쪽, 6쪽, 7쪽, 10쪽, 11쪽   만드는 방법: 46쪽, 54쪽

칼라를 접었을 때 앞단의 끝이 나오지 않도록 코줍기 과정부터 레이스용 코바늘을 사용해 안쪽에서 줍습니다. 꺼낸 코가 느슨해지지 않도록 주의하세요.

앞단 줍기

1 오른쪽 앞단에서 33코를 주운 상태입니다.

2 뜨개 면을 뒤집습니다.

3 뜨개 면의 안쪽에서 끝 1코 안쪽으로 레이스용 코바늘(No.2)을 넣습니다.

4 실을 걸어서 뺍니다.

5 4에서 뺀 코를 바늘에 옮깁니다. 이때 코 방향에 주의하세요.

6 3~5를 반복해 9코를 줍습니다. 오른쪽 앞단의 1단째가 만들어졌습니다.

7 겉에서 본 상태. 왼쪽 앞단도 동일하게 칼라 부분은 안에서 줍습니다.

폼폼 만드는 방법

사진: 5쪽, 8~11쪽, 18~19쪽, 21쪽, 28~29쪽   만드는 방법: 48쪽, 57쪽, 74쪽

여기에서는 알기 쉽게 재봉실의 색을 바꿨습니다.

1 만드는 방법에 있는 대로 실을 감습니다(여기서는 엄지 사용)

2 가운데 부분에 재봉실을 2번 감습니다.

3 실을 꽉 당겨서 묶어줍니다.

4 다시 한번 실을 감아서 단단하게 묶습니다.

5 양쪽의 둥근 부분을 자릅니다.

6 온수에 담가 살살 문질러서 털실의 꼬임을 풀고, 수건에 싸서 수분을 제거합니다.

7 가위질로 모양을 다듬어줍니다.

8 완성.

줄무늬 빅 풀오버 뜨기 포인트   사진: 24쪽   만드는 방법: 79쪽

마커를 사용해 되돌아뜨기(경사뜨기)를 하는 방법입니다. 마커를 걸어 둔 코를 끌어 올려서 뜨니까, 코가 느슨해지지 않고 깔끔하게 단 없애기를 할 수 있습니다.

어깨 되돌아뜨기

1 35단째를 뜨면서 되돌아뜨기 위치(80쪽 기호 도안의 ♡ 참조)에 마커를 걸어둡니다.

2 뜨개 면을 안으로 뒤집어 왼쪽 끝의 마커 직전까지 안뜨기를 합니다.

3 마커를 떼내고 실을 겁니다.

4 겉으로 뒤집어 1코째를 걸러뜨기하고 다음부터 겉뜨기를 합니다.

5 2~4를 반복해서 4단까지 뜹니다.

6 5단: 단 없애기를 합니다. 뜨개 면을 안으로 뒤집어 마커를 걸어 둔 코까지 뜹니다.

7 왼쪽 바늘의 코 방향을 바꿉니다.

8 마커를 끌어 올린 다음 왼쪽 바늘에 걸고 마커를 떼어냅니다.

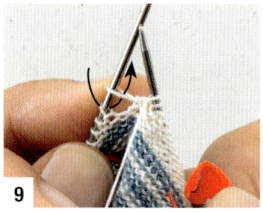
9 실을 앞쪽(뜨는 사람 기준)에 두고 오른쪽 바늘을 왼쪽 바늘 2코 뒤쪽에서 화살표 방향으로 넣습니다.

10 오른쪽 바늘을 넣은 상태. 실을 걸어 안뜨기를 합니다. 오른코 겹쳐 2코 모아뜨기(안뜨기)를 했습니다.

11 기호 도안대로 떠서 오른쪽의 단 없애기를 했습니다.

12 가터뜨기의 1단째. 겉으로 뒤집어 마커의 코까지 겉뜨기를 합니다.

13 마커를 끌어 올려서 왼쪽 바늘에 겁니다.

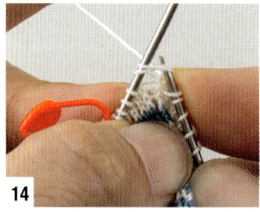
14 왼쪽 바늘 2코에 오른쪽 바늘을 앞쪽(뜨는 사람 기준)에서 넣고 겉뜨기를 합니다.

15 왼코 겹쳐 2코 모아뜨기를 했습니다. 기호 도안대로 뜹니다.

16 되돌아뜨기를 했습니다. 이후 기호 도안대로 뜹니다.

어깨 마무리

여기에서는 알아보기 쉽게 실의 색상을 바꿨습니다.

1 앞뒤 몸판 2장을 뜬 후 어깨를 맞대고 목 트임까지 감침질합니다. 여기가 오른쪽 어깨입니다.

2 왼쪽 어깨는 끝의 2코를 감침질하고, 앞판에 레이스용 코바늘(No.8)로 사슬 5코를 만들어 단춧고리를 만듭니다. 뒤판에 단추를 3개 답니다.

손뜨개의 기초 대바늘뜨기

[손가락에 걸어서 시작코 만들기]

※ 이 책에서는 지정된 작품 외에는 바늘을 하나만 사용합니다.

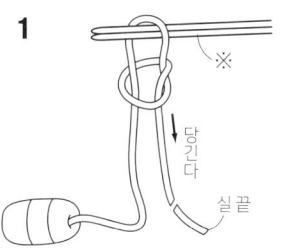

1 실 끝에서 뜨개 폭의 약 3배가 되는 곳에 원을 만들고 대바늘을 가지런히 맞춰서 원 안에 넣는다

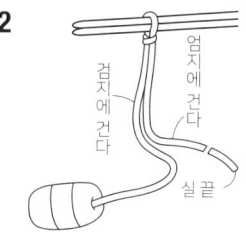

2 원을 당기면 1코 완성

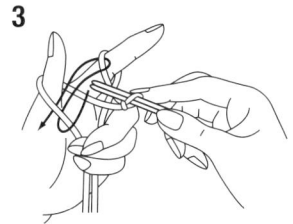

3 실타래 쪽을 검지에 걸고 오른손은 원을 누르면서 대바늘을 쥔다. 엄지에 걸린 실을 화살표 방향으로 줍는다

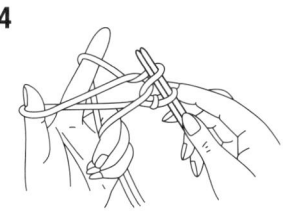

4 주운 후의 모습

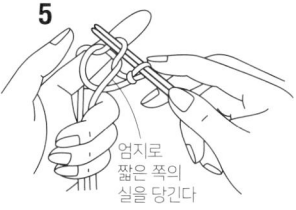

5 엄지에 걸린 실을 뺀 다음 그 아래쪽을 다시 걸면서 매듭을 당긴다

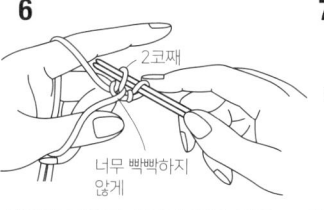

6 엄지와 검지를 처음과 같은 모양으로 해서, 3~6의 과정을 반복한다

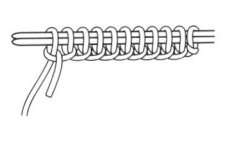

7 필요한 만큼 코를 만든다 (이것이 1단)

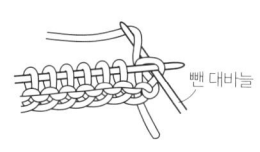

8 2개의 대바늘 중 하나를 뺀 다음, 실이 있는 쪽에서 2단째를 뜬다

[뜨개 기호]

| 겉뜨기

실을 뒤쪽에 두고 앞쪽(뜨는 사람 기준)에서 오른쪽 바늘을 넣어 실을 걸어 뜬다

— 안뜨기

실을 앞쪽(뜨는 사람 기준)에 두고 뒤쪽에서 오른쪽 바늘을 넣어 실을 걸어 뜬다

Q 돌려뜨기

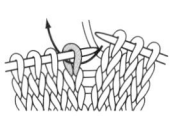

뒤쪽에서 오른쪽 바늘을 넣어 겉뜨기를 한다

Q 돌려뜨기(안뜨기)

뒤쪽에서 오른쪽 바늘을 넣어 안뜨기를 한다

O 걸기코(바늘비우기)

실을 앞쪽(뜨는 사람 기준)에서 건다

∧ 오른코 겹쳐 2코 모아뜨기

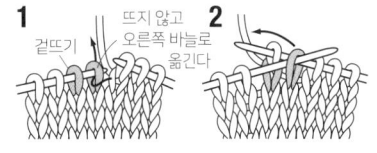

1 뜨지 않고 앞쪽(뜨는 사람 기준)에서 오른쪽 바늘로 옮긴다

2 다음 코를 겉뜨기로 뜨고, 옮긴 코를 뜬 코에 덮어씌운다

人 왼코 겹쳐 2코 모아뜨기

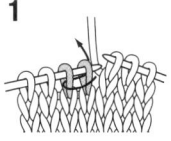

1 오른쪽 바늘로 2코를 한번에 앞쪽(뜨는 사람 기준)에서 넣는다

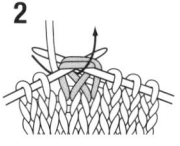

2 실을 걸어 겉뜨기를 한다

人 왼코 겹쳐 2코 모아 안뜨기

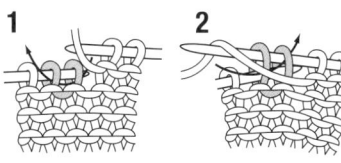

1 오른쪽 바늘로 2코를 한번에 넣는다

2 실을 걸어 안뜨기를 한다

人 중심 3코 모아뜨기

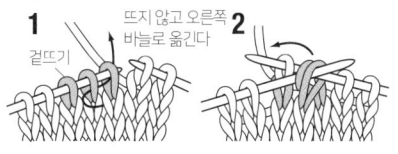

1 오른쪽 바늘로 2코를 한번에 앞쪽(뜨는 사람 기준)에서 넣은 다음, 오른쪽 바늘로 옮긴다

2 다음 코를 겉뜨기 하고 옮긴 2코를 덮어씌운다

V 걸러뜨기

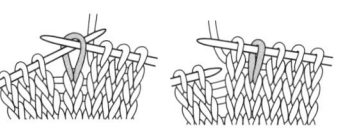

실을 뒤쪽에 둔 다음, 뜨지 않고 1코를 오른쪽 바늘로 옮긴다

ω 감아코 만들기

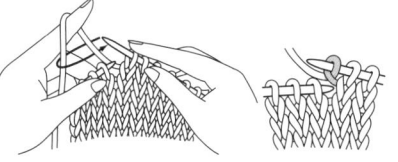

오른쪽 바늘에 실을 감아 코를 늘린다

● 코막음 (겉뜨기)

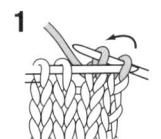 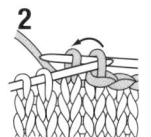 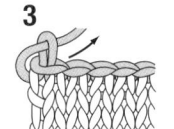

1. 끝의 2코를 겉뜨기로 뜨고, 1코째를 2코째에 덮어씌운다
2. 겉뜨기를 하고 덮어씌우기를 반복한다
3. 마지막 코는 빼서 실을 당긴다

● 코막음 (안뜨기)

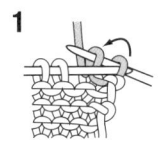 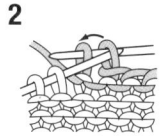 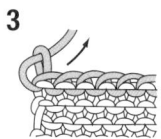

1. 끝의 2코를 안뜨기로 뜨고 1코째를 2코째에 덮어씌운다
2. 다음 코를 안뜨기로 뜨고 덮어씌우기를 반복한다
3. 마지막 코는 빼서 실을 당긴다

[실을 옆으로 걸쳐서 뜨기]

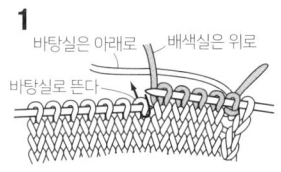 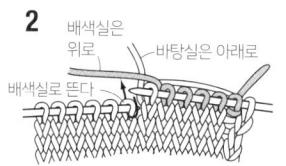 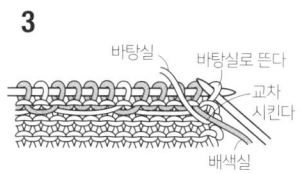 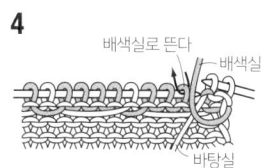

1. 배색실로 뜨기 시작할 때, 매듭을 지어 오른쪽 바늘에 통과시켜 뜨면 코가 느슨해지지 않는다. 매듭은 다음 단에서 푼다
2. 뒤쪽으로 걸치는 실은 뜨개 면이 자연스럽게 이어지도록 하고 세게 당기지 않는다
3. 뜨개 면을 바꿔 쥐었으면 가장자리는 반드시 실을 교차시켜서 뜬다
4. 배색실을 바탕실 위에 두고 뜬다. 실 걸치기에서 위아래는 항상 일정하다

[가로무늬 실 걸치기]

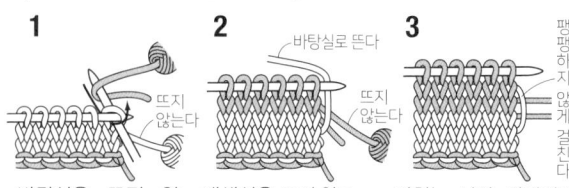

1. 바탕실은 뜨지 않고, 배색실을 걸어서 뜬다
2. 배색실은 뜨지 않고, 바탕실을 앞에서 걸친 다음 뜬다
3. 걸치는 실이 팽팽해지지 않도록 실을 당길 때 주의한다

가장자리뜨기의 코 줍는 방법

※ 대바늘뜨기에서는 마지막 단의 마지막 코막음 코를 1코째로 하고, 코바늘뜨기에서는 기둥의 사슬코로 한다

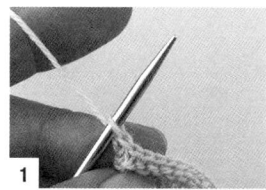 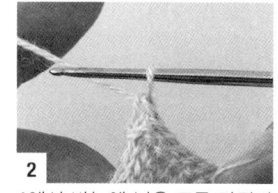

1. 밑단을 다 뜨고 나서 마지막 코막음이 끝난 상태. 실은 자르지 않고 남겨 둔다.
2. 1에서 바늘에 남은 코를 가장자리뜨기의 1코째로 한다. 코바늘뜨기에서는 이 코를 짧은뜨기의 기둥으로 사용한다.

⋎ = |오⁄| 1코에서 2코 뜨기 (1코 늘리기)

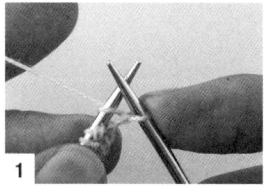 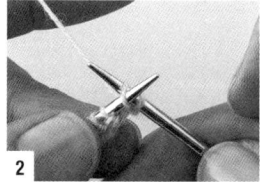  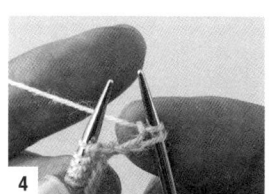

1. 겉뜨기를 1코 한다. 왼쪽 바늘의 코는 빼지 않는다
2. 같은 코에 오른쪽 바늘을 뒤쪽에서 넣는다.
3. 오른쪽 바늘에 실을 걸어 뺀다 (돌려뜨기)
4. 왼쪽 바늘의 코를 뺀다. 1코 늘린 상태.

코바늘 뜨기

◯ 사슬뜨기

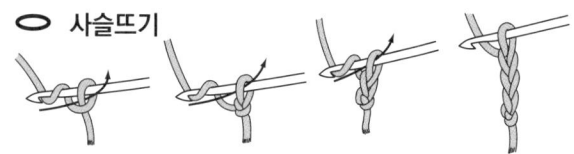

가장 기본이 되는 뜨기로 코 만들기와 기둥코 만들기에 사용한다

사슬코에서 줍는 방법

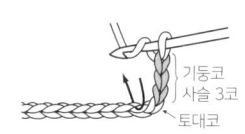 

사슬 상태가 된 쪽을 아래로 향하게 해서 뒤쪽의 코산에 바늘을 넣는다.

기둥코 사슬 3코 토대코

뒷산을 줍는다
반코와 뒷산을 줍는다

[이중 원으로 코 만들기]

1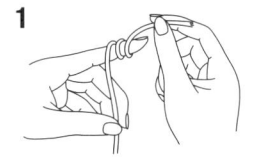
손가락에 실을 2번 감는다

2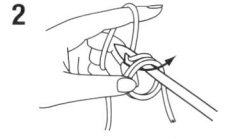
실을 앞쪽(뜨는 사람 기준)에 두고 원 안에서 실을 빼낸다

3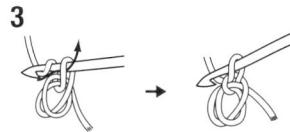
1코를 뜬다
이 코는 기둥코의 개수에 포함된다

[뜨개 기호]

✕ 짧은뜨기

1 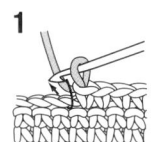 **2** 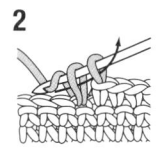 **3**

기둥코 1코 높이의 뜨개 기법.
바늘에 걸린 2개의 루프를 한 번에 뺀다

T 긴뜨기

1 **2** **3**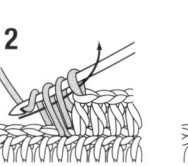

기둥코 2코 높이의 뜨개 기법. 바늘에 실을 한 번 걸어 빼낸 다음 바늘에 걸린 3개의 루프를 한 번에 뺀다

╪ 한길긴뜨기

1 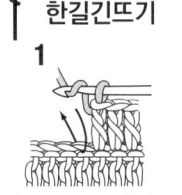 **2** 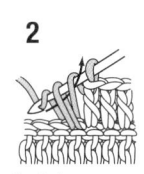 **3** 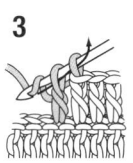 **4**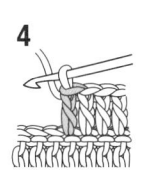

기둥코 3코 높이의 뜨개 기법.
바늘에 실을 한 번 걸어 빼낸 다음 바늘에 걸린 루프를 2개씩 2번에 걸쳐 뺀다

╪ 두길긴뜨기

1 **2** **3**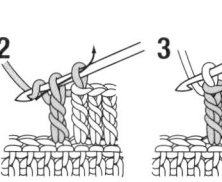

기둥코 4코 높이의 뜨개 기법.
바늘에 실을 두 번 걸어 빼낸 다음, 바늘에 걸린 루프를 2개씩 3번에 걸쳐 뺀다

∨∨ 짧은뜨기 2코 늘리기

※ 한길긴뜨기 3코 늘리기도 같은 방법으로 뜬다

1 **2** **3** **4**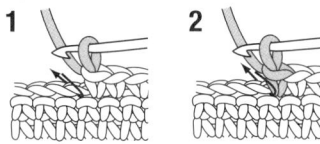

1코에 짧은뜨기 2코를 떠서 1코 늘린다

● 빼뜨기

1 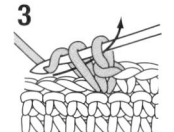 **2**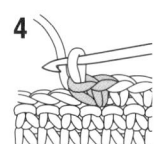

이전 단의 코 머리에 바늘을 넣은 다음, 바늘에 실을 걸어서 뺀다

⋀ 짧은뜨기 3코 모아뜨기

※ 짧은뜨기 2코 모아뜨기도 같은 방법으로 뜬다

[감침질]

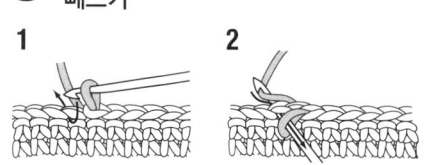

1 **2** **3**

미완성의 짧은뜨기 3코를 한 다음 한 번에 빼서 만드는 뜨개 기법으로, 2코가 줄어든다

2장의 뜨개 면을 겉면이 밖으로 나오게 맞대고 마지막 단 코머리의 마주 보는 코의 안쪽 반코씩에 바늘을 넣어 감친다.

◆ 한길긴뜨기 3코 구슬뜨기

※ 콧수가 달라져도 같은 방법으로 뜬다

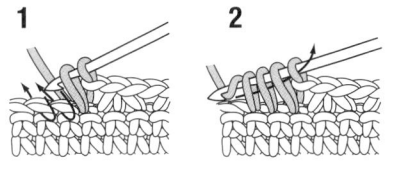 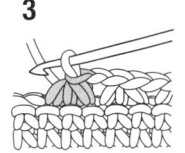 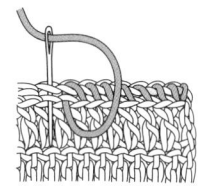

1 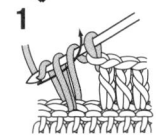 **2** 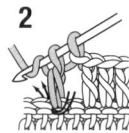 **3** 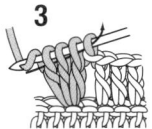 **4**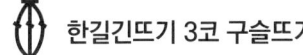

기둥코는 3코, 미완성 한길긴뜨기 3코를 한 다음 한 번에 뺀다

아랫부분이 붙어 있는 경우	아랫부분이 붙어 있지 않은 경우
이전 단의 1코에 모든 코를 넣어 뜬다	이전 단 사슬의 아래쪽에 바늘을 넣어 사슬 전체를 감아 뜬다

DOLL KNIT 43

긴소매 줄무늬 스웨터　2, 4 /p.4　　긴소매 모헤어 줄무늬 스웨터　5 /p.4
긴소매 모헤어 스웨터　3 /p.4, 5, 7　　긴소매 스웨터　6 /p.4, 7, 21
반소매 스웨터　20 /p.9, 11　58 /p.21　　반소매 줄무늬 스웨터　35 /p.14, 15

《실》

2　퍼피 NEW 3PLY　짙은핑크(358), 그레이(364)
3　퍼피 키드 모헤어 파인　오렌지(56)
4　퍼피 NEW 3PLY　브라운(317), 그레이(364)
5　퍼피 키드 모헤어 파인　마젠타(44), 옐로(51)
6　퍼피 NEW 3PLY　그레이프(344)
20　퍼피 NEW 3PLY　오프화이트(302)
35　퍼피 NEW 3PLY　오프화이트(302), 그레이(310)
58　퍼피 NEW 3PLY　머스터드(370)

《도구》

2mm 80cm 줄바늘,　No.2 레이스용 코바늘

《기타》

지름 0.3cm 단추 1개

《게이지》

메리야스뜨기, 메리야스뜨기 줄무늬 A, B, 가로세로 1cm × 1cm: 4.5코 6단

《크기》

몸판 폭 5.4cm, 길이 긴소매: 6.5cm 반소매: 6.2cm
뒷목점에서 소맷부리까지 길이 긴소매: 9.5cm 반소매: 4.3cm

《만드는 방법》

실 1겹과 지정된 호수의 바늘, 배색으로 뜹니다.

단춧고리용으로 실을 20cm 남기고 손가락에 실을 걸어 코를 만든 다음 목둘레를 돌려 1코 고무뜨기로 뜹니다. 이어서 요크를 메리야스뜨기(또는 메리야스뜨기 줄무늬)로 늘리면서 뜨고, 양 끝의 가터뜨기는 이어서 뜹니다. 소매를 쉼코로 하고 다음 단에서 감아코 만들기를 해 앞뒤 몸판을 트임이 있는 곳까지 왕복으로 뜹니다. 시작과 끝을 2코 모아뜨기해서 원을 만듭니다. 이어서 밑단의 돌려 1코 고무뜨기를 뜨고, 다 뜨고 나서 이전 단과 동일한 기호로 코막음을 합니다. 소매는 요크의 쉼코를 바늘로 옮기고 만든 감아코의 중앙에서 2코씩 주워 원통으로 메리야스뜨기(또는 메리야스뜨기 줄무늬)와 돌려 1코 고무뜨기를 합니다. 다 뜨고 나서 밑단과 같이 처리합니다.

시작할 때 남긴 실로 왼쪽 뒤의 단춧고리를 뜹니다. 겨드랑이를 정리합니다. 뒤트임을 맞대어 재봉실로 감친 다음 온수에 담가 뜨개코를 정리하고, 속을 화학솜으로 채워 말립니다. 오른쪽 뒤에 단추를 답니다. ※p.32~37의 만드는 방법도 참고하세요.

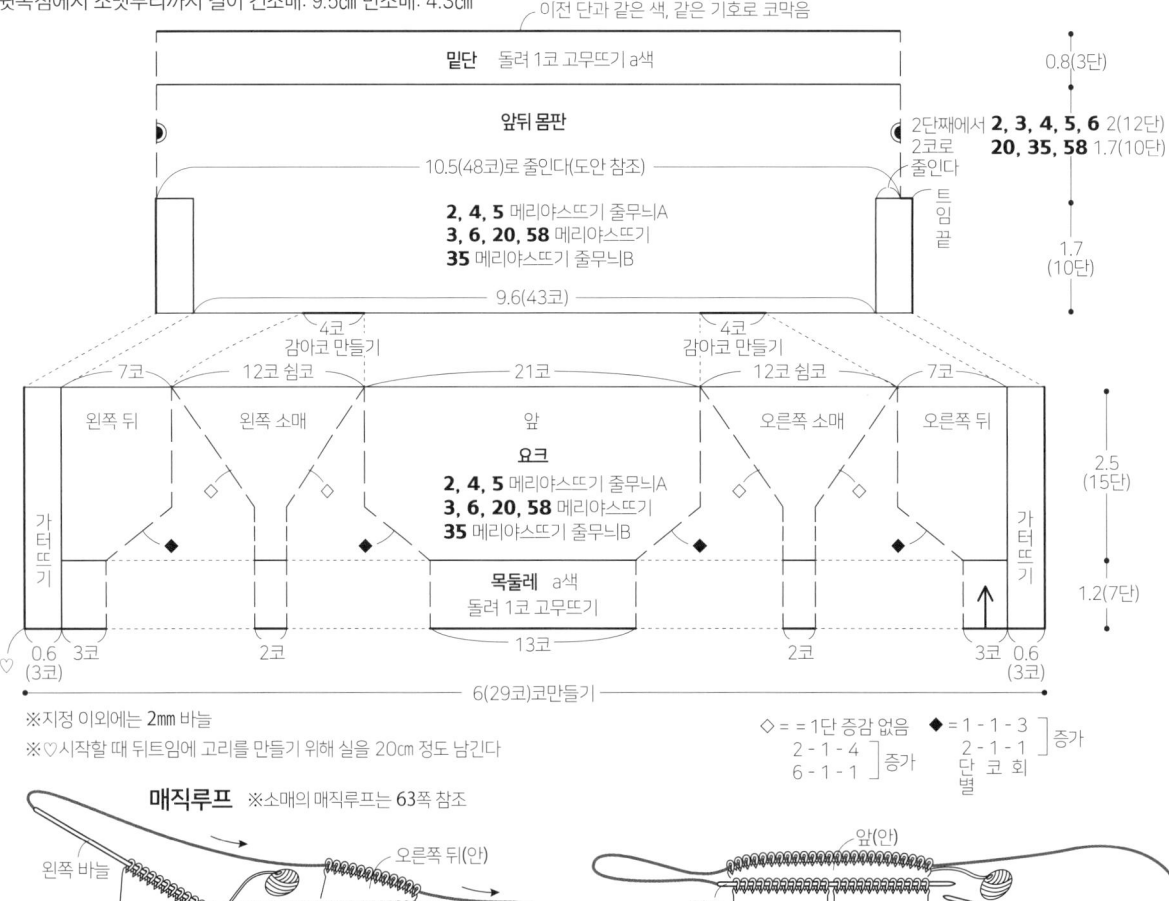

오른쪽 뒤 12코를 뜨고 오른쪽 바늘을 빼서 앞 25코를 뜬다 (p33~34 step4: 6~10). 바늘의 줄을 화살표 방향으로 당겨 원을 넓힌 다음 왼쪽 바늘에 오른쪽 뒤 12코를 통과시킨다(p34: 11).

오른쪽 바늘을 빼서 왼쪽 뒤, 오른쪽 뒤를 뜬다(p34: 12~15). 이후 앞쪽(뜨는 사람 기준)의 코를 뜨고 나서 왼쪽 바늘에 반대쪽 코를 통과시킨 다음 오른쪽 바늘을 빼서 앞쪽을 뜬다.

2, 4, 5, 35 줄무늬 스웨터의 배색

	2	4	5	35
a색 ☐	짙은핑크(358)	브라운(317)	마젠타(44)	오프화이트(302)
b색 ▨	그레이(364)	그레이(364)	옐로(51)	블루그린(310)

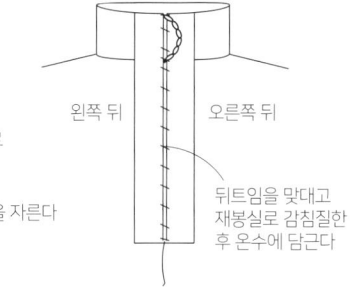

뒤트임 감침질

왼쪽 뒤 / 오른쪽 뒤

뒤트임을 맞대고 재봉실로 감침질한 후 온수에 담근다

2, 4, 5 메리야스뜨기 줄무늬A

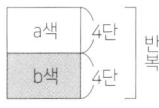

35 메리야스뜨기 줄무늬B

단춧고리

No.2 레이스용 코바늘

뜨기 시작할 때 남긴 실로 사슬 5~6코를 뜬다

◀ = 실을 자른다

왼쪽 뒤 / 오른쪽 뒤

2, 4, 5 뜨는 방법 ※3, 6, 20, 58은 메리야스뜨기, 35는 메리야스뜨기 줄무늬B로 뜬다

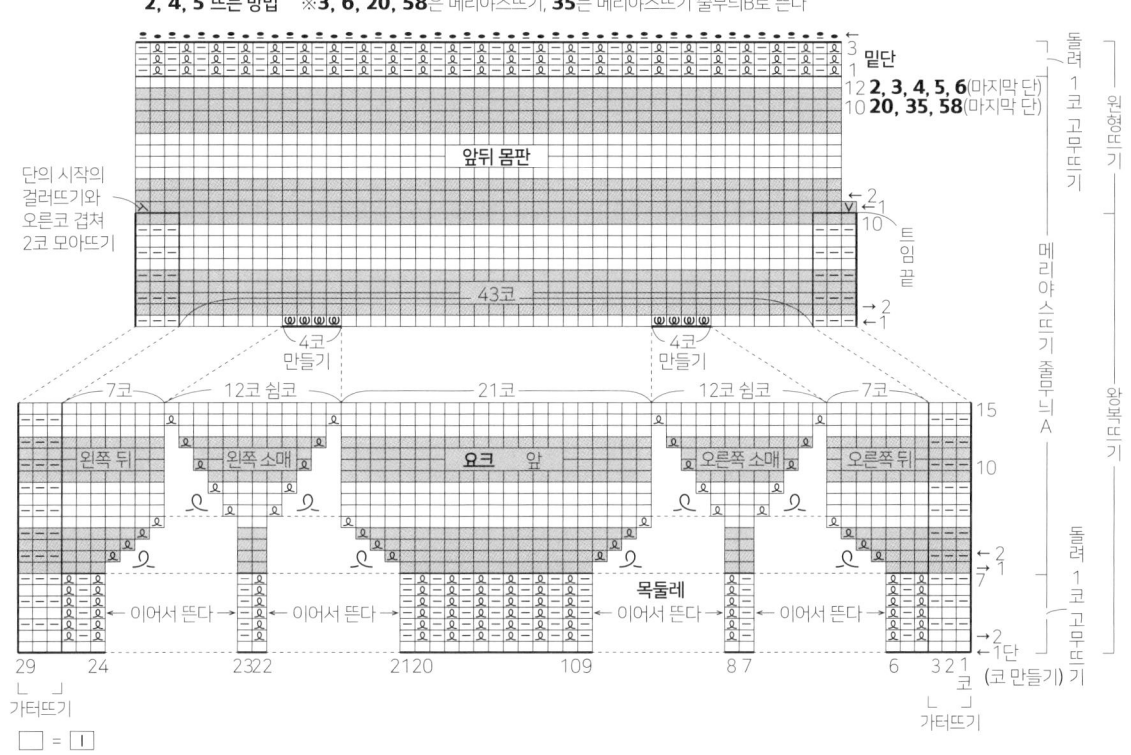

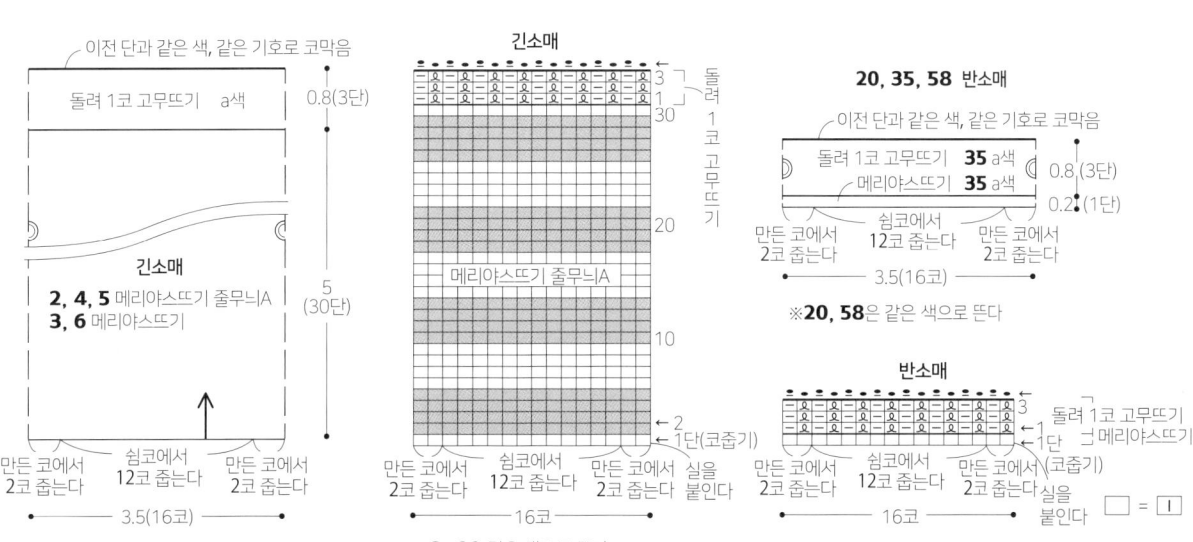

※3, 6은 같은 색으로 뜬다

DOLL KNIT 45

뜨개 케이프　1 /p.1　14, 16 /p.7
모헤어 케이프　9 /p.6

《실》
1　퍼피 NEW 3PLY　오프화이트(302), 레드(329)
9　퍼피 키드 모헤어 파인　마젠타(44)
14　퍼피 NEW 3PLY　오렌지(371), 베이지(356), 짙은네이비(327)
16　퍼피 NEW 3PLY　짙은핑크(358), 라벤더(342), 그레이프(344)

《도구》
1, 14, 16　2.5mm, 2mm 80cm 줄바늘
9　2mm, 1.75mm 80cm 줄바늘

《게이지》
메리야스뜨기, 메리야스뜨기 배색 무늬, 가로세로 1cm × 1cm: 4.5코 5.5단

《크기》
밑단 둘레 19cm, 길이 6.3cm

《만드는 방법》
실 1겹과 지정된 호수의 바늘, 배색으로 뜹니다.
손가락에 실을 거는 방법으로 코를 만든 다음 칼라를 양면 돌려 1코 고무뜨기로 뜹니다. 이어서 앞뒤 몸판의 메리야스뜨기 배색 무늬 A는 실을 옆으로 걸치는 방식으로 배색하면서 뜹니다. 이어서 메리야스뜨기 배색 무늬 B를 뜹니다. 밑단은 가터뜨기로 뜨고 마지막 정리는 코막음으로 합니다. 실은 자르지 않고 오른쪽 앞단을 주워 가터뜨기를 하고, 다 뜨고 나서 밑단과 동일하게 처리합니다. 왼쪽 앞단은 실을 붙여서 뜹니다. 매듭끈을 지정한 위치에 통과시키고 세 가닥으로 땋습니다. 온수에 담가 뜨개코를 정리한 후 속을 화학솜으로 채운 다음 시침핀으로 고정하고 건조합니다.
※32~37쪽의 만드는 방법도 참고하세요.

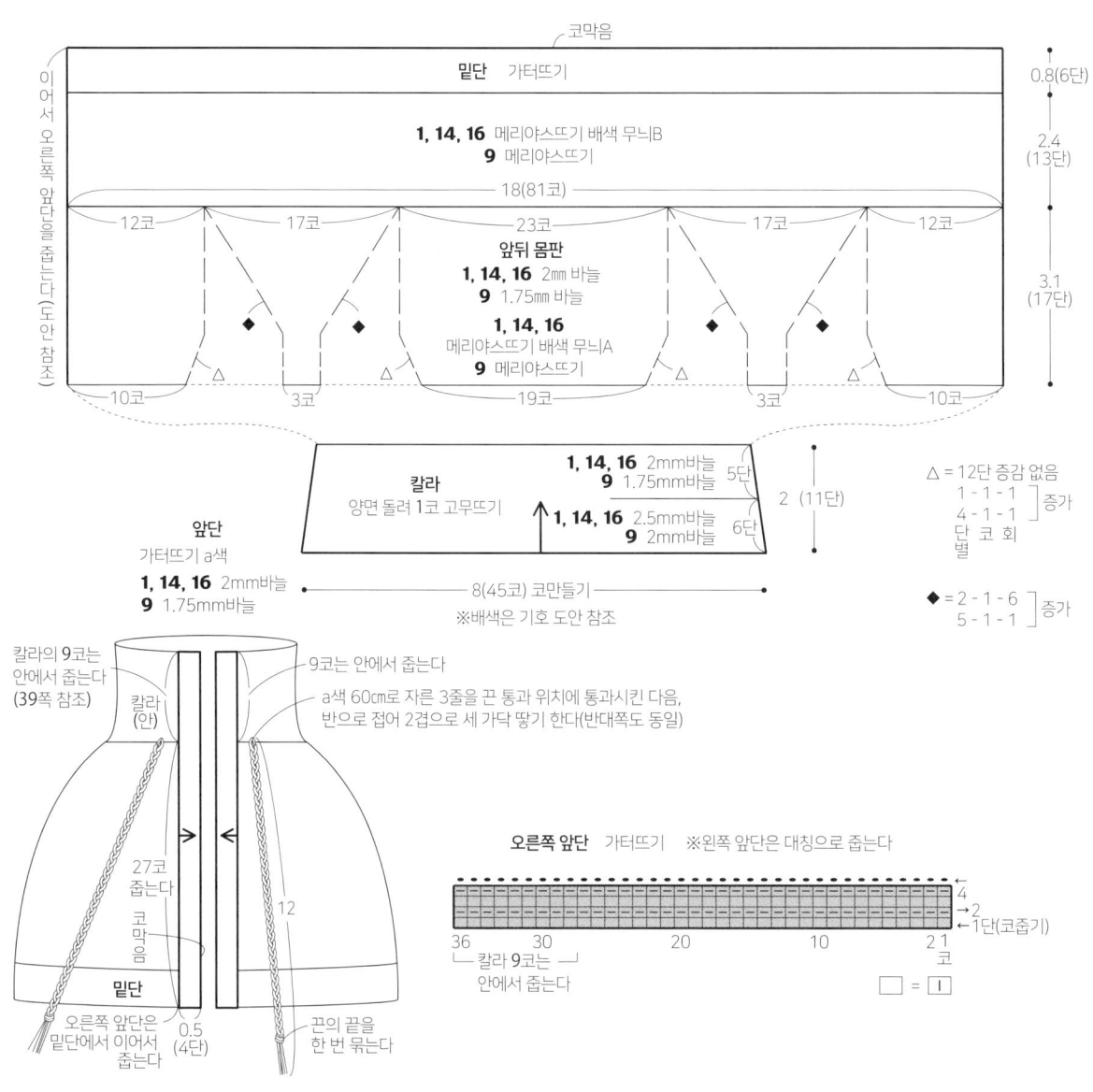

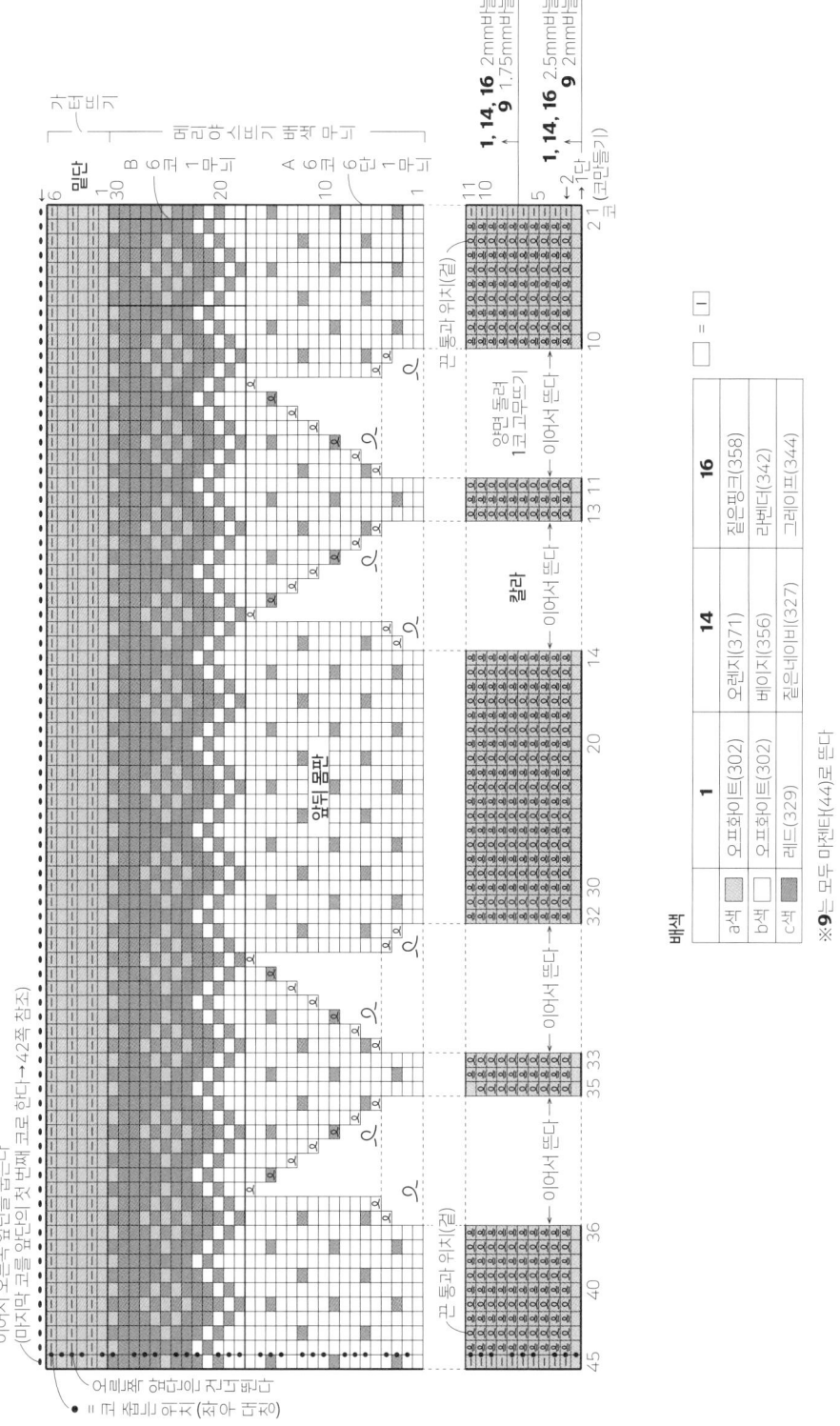

폼폼 베레모 7 /p.5, 29   17 /p.8, 29   23 /p.10, 21, 29

《실》
퍼피 브리티시 파인
- **7** 딥블루(063), 그레이믹스(019)
- **17** 리프그린(091), 오프화이트(001)
- **23** 짙은핑크(068), 오프화이트(001)

《도구》
2.5mm 80cm 줄바늘

《게이지》
가터뜨기 가로세로 1cm × 1cm: 2.6코 6.5단

《크기》
머리둘레 11.5cm, 깊이 3.7cm

《만드는 방법》
실 1겹과 지정된 배색으로 뜹니다.
실을 15cm 남기고 손가락에 실을 걸어 코를 만든 다음 가터뜨기로 뜹니다. 3단을 왕복으로 뜨고, 다음 단부터 원으로 증감하면서 뜹니다. 남은 코에 실을 통과시켜서 조입니다. 뒤집어서 안이 겉으로 나오게 합니다. 시작 때 남긴 실로 왕복뜨기한 3단을 감침질합니다. 온수에 담가 뜨개코를 정리한 후 속에 화학솜을 채워 말립니다.
폼폼을 만들어 위쪽에 달아줍니다.

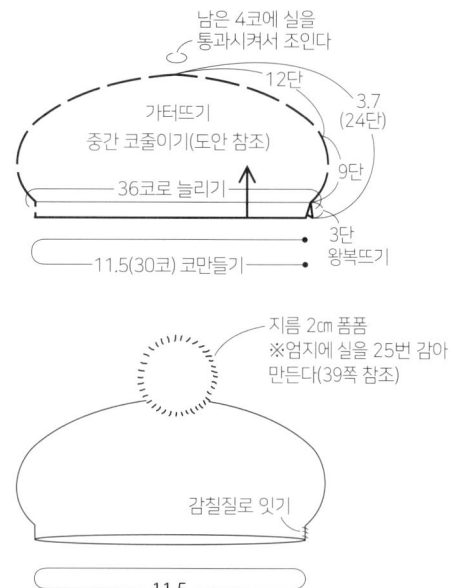

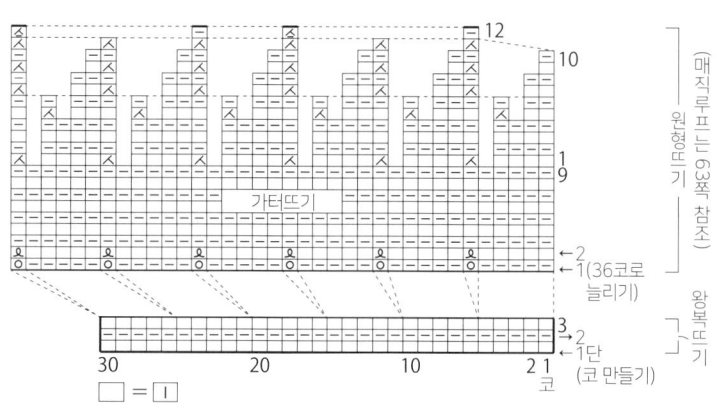

배색	7	17	23
베레모	딥블루(063)	리프그린(091)	짙은핑크(068)
폼폼	그레이믹스(019)	오프화이트(001)	오프화이트(001)

뜨개 모자 13, 15 /p.7, 29
모헤어 모자 80 /p.28

《실》
- **13** 퍼피 NEW 3PLY 오렌지(371), 베이지(356), 짙은네이비(327)
- **15** 퍼피 NEW 3PLY 짙은핑크(358), 라벤더(342), 그레이프(344)
- **80** 퍼피 키드 모헤어 파인 다크레드(20)

《도구》
- **13, 15** 2mm 80cm 줄바늘
- **80** 1.75mm 80cm 줄바늘

《게이지》
메리야스뜨기 배색 무늬, 메리야스뜨기 가로세로 1cm × 1cm: 4.5코 6단

《크기》
머리둘레 12cm, 깊이 3.9cm

《만드는 방법》
실 1겹과 지정된 호수의 바늘, 배색으로 뜹니다.
실을 20cm 남기고 손가락에 실을 걸어 코를 만든 다음 가터뜨기를 왕복 6단 뜹니다. 메리야스뜨기 배색 무늬는 실을 옆으로 걸치는 방식으로 배색하면서 원통으로 뜹니다. 이어서 메리야스뜨기를 줄이면서 뜨고 남은 코에 실을 통과시켜서 조입니다. 시작 때 남긴 실로 왕복뜨기 6단을 감침질합니다. 온수에 담가 뜨개코를 정리한 후 속을 화학솜으로 채워 말립니다(**36쪽** 참조).

3색 스트라이프 머플러 8 /p.5, 29 25 /p.10, 29

《실》
퍼피 브리티시 파인
8 딥블루(063), 오프화이트(001), 리프그린(091)
25 짙은핑크(068), 옅은핑크(031), 그레이프(053)

《도구》
2.75mm 80cm 줄바늘, 7/0호 코바늘(코막음용)

《게이지》
가터뜨기 줄무늬 가로세로 1cm × 1cm: 2.2코 6.5단

《크기》
폭 2cm, 길이 27cm(술은 미포함)

《만드는 방법》
실 1겹과 지정된 호수의 바늘, 배색으로 뜹니다.
술로 사용할 실을 남기고 바늘 2개를 겹쳐서 손가락에 실을 거는 방법으로 코를 느슨하게 만듭니다. 가터뜨기 줄무늬로 뜨면서, 각 색의 술용 실을 남겨서 접어줍니다. 다 뜨고 나서 이전 단과 동일한 색으로 코바늘을 사용해 느슨하게 코막음을 합니다. 남긴 실은 같은 색 2줄씩(뜨기 시작만 3줄) 한 번 묶습니다. 온수에 담가 뜨개코를 정리한 후(**36쪽** 참조) 지정된 크기로 뜨개 면을 늘려서 말립니다. 술의 실을 원하는 길이로 자릅니다.
※코만들기, 코막음은 느슨하게 합니다. 빡빡하게 뜨면 지정된 크기로 늘릴 수 없으므로 주의하세요.

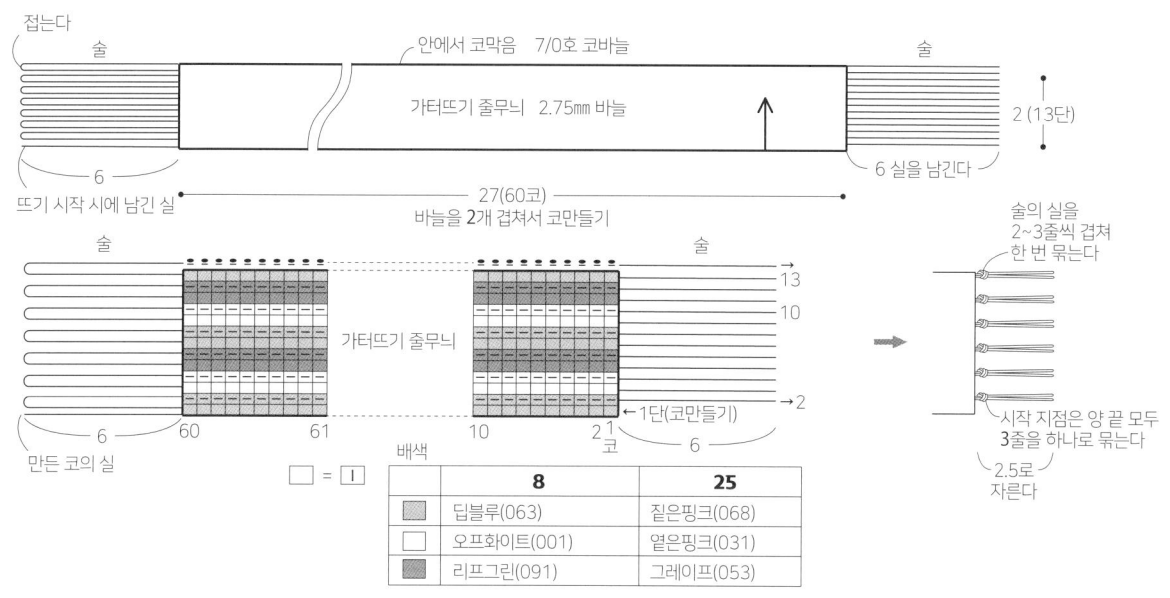

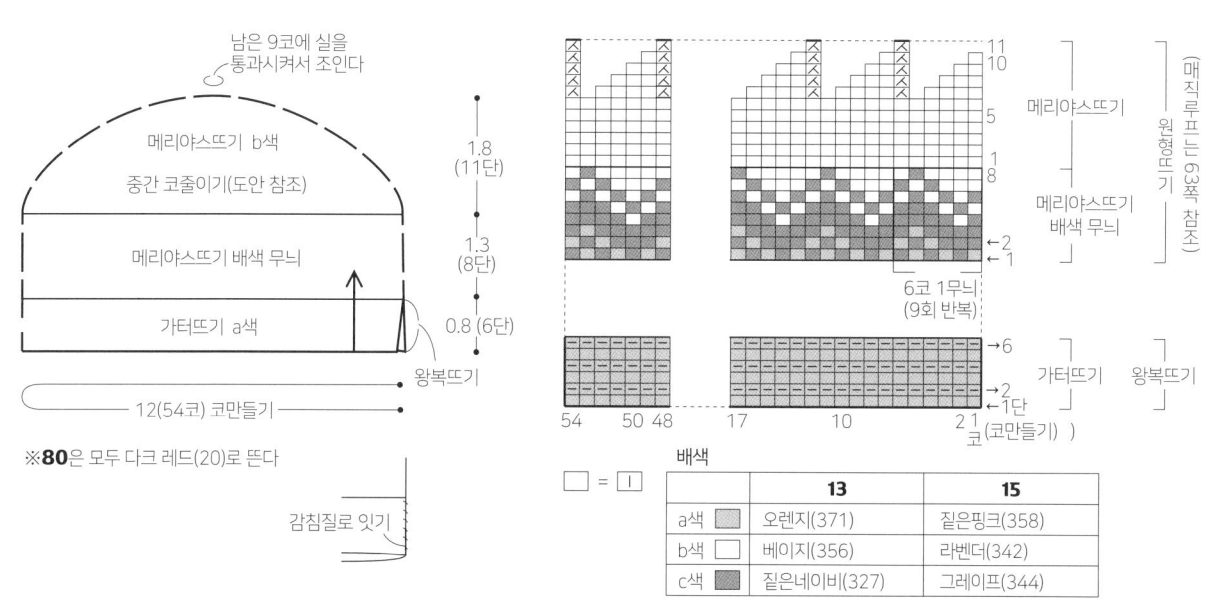

2way 퍼프 슬리브 카디건 10 /p.6, 22
2way 모헤어 퍼프 슬리브 카디건 62 /p.22

《실》
10 퍼피 NEW 3PLY 라벤더(342)
62 퍼피 키드 모헤어 파인 민트(55)

《도구》
10 2mm 80cm 줄바늘
62 1.75mm 80cm 줄바늘, No.2 레이스용 코바늘

《기타》
10 지름 0.3cm 단추 3개
62 지름 0.6cm 단추 3개

《게이지》
메리야스뜨기 가로세로 1cm × 1cm: 4.5코 6단

《크기》
품 **10** 4.5cm **62** 5.1cm, 길이 4.8cm, 뒷목점에서 소맷부리까지 길이 3.8cm

《만드는 방법》
실 1겹과 지정된 호수의 바늘로 뜹니다.
62는 실을 단춧고리용으로 30cm 남기고 손가락에 실을 거는 방법으로 코를 만든 다음 목둘레를 가터뜨기로 뜹니다. 이어서 요크를 메리야스뜨기로 늘리면서 뜨는데, 양 끝의 가터뜨기는 이어서 뜹니다. **10**은 오른쪽 앞에 단춧구멍을 만듭니다. 소매를 쉼코로 하고 다음 단에서 감아코 만들기를 하고 앞뒤 몸판을 증감 없이 뜹니다. 이어서 가터뜨기를 하고 마지막 정리는 코막음으로 합니다. 소매는 요크의 쉼코를 바늘에 옮기고 만든 코에서 4코를 주운 다음 모아뜨기로 줄여서 원통을 뜬 후 마무리는 몸판과 동일하게 합니다. **62**는 시작할 때 남긴 실로 단춧고리를 뜨고, 겨드랑이를 정리합니다. 앞단을 맞대어 재봉실로 감친 다음 온수에 담가 뜨개코를 정리한 후 속에 화학솜을 채워 말립니다. 왼쪽 앞에 단추를 답니다.
※도안은 앞트임으로 설명하지만 앞뒤를 바꿔서 입을 수 있습니다.
※32~37쪽의 만드는 방법도 참고하세요.

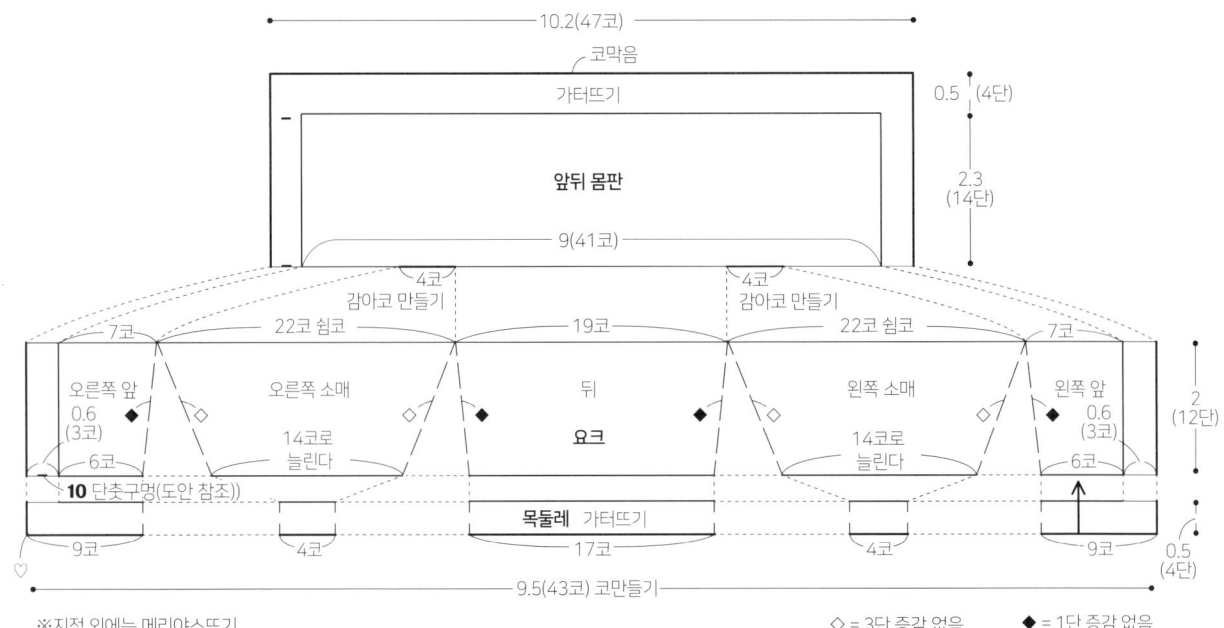

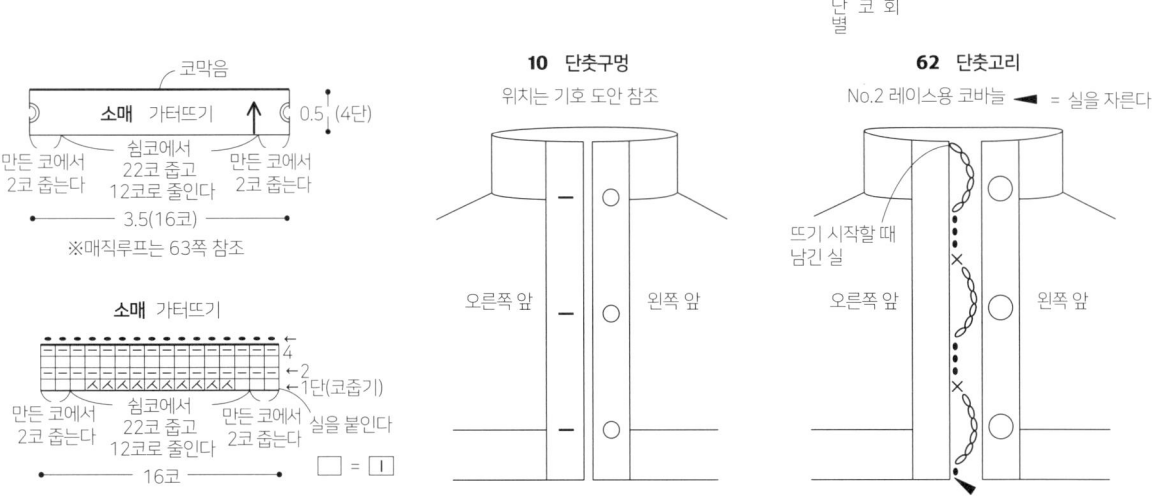

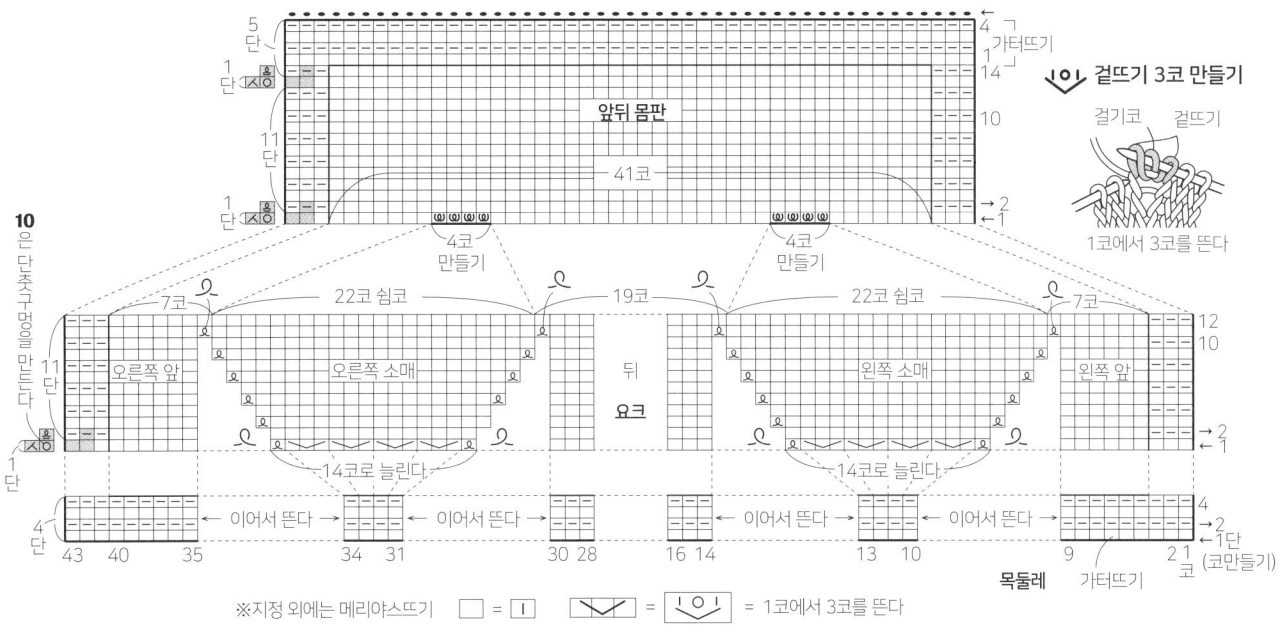

하운드투스 체크무늬 스커트   11 /p.6   60 /p.21

《실》
11 퍼피 NEW 2PLY 에메랄드(259), 민트그린(261)
60 퍼피 NEW 2PLY 그레이프(256), 머스터드(253)

《도구》
1.75mm, 1.5mm 80cm 줄바늘

《게이지》
메리야스뜨기 배색 무늬
1.75mm 바늘: 가로세로 1cm × 1cm: 5.3코 6.5단
1.5mm 바늘: 가로세로 1cm × 1cm: 6.4코 7단

《크기》
몸판 둘레 10cm, 밑단 둘레 12cm, 길이 7.1cm

《만드는 방법》
실 1겹과 지정된 호수의 바늘, 배색으로 뜹니다.
손가락에 실을 거는 방법으로 코를 만들어 원통을 만든 다음 밑단부터 뜨기 시작합니다. 가터뜨기를 3단 뜨고 메리야스뜨기 배색 무늬는 실을 옆으로 걸치는 방식으로 배색하면서 뜹니다. 이어서 메리야스뜨기와 돌려 1코 고무뜨기를 뜹니다. 다 뜨고 나서 이전 단과 같은 기호로 코막음을 합니다. 온수에 담가 뜨개코를 정리한 후 속을 화학솜으로 채워 말립니다(**36쪽** 참조).

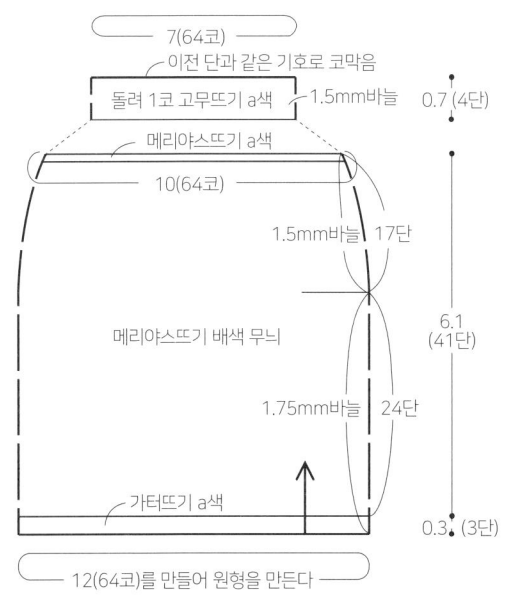

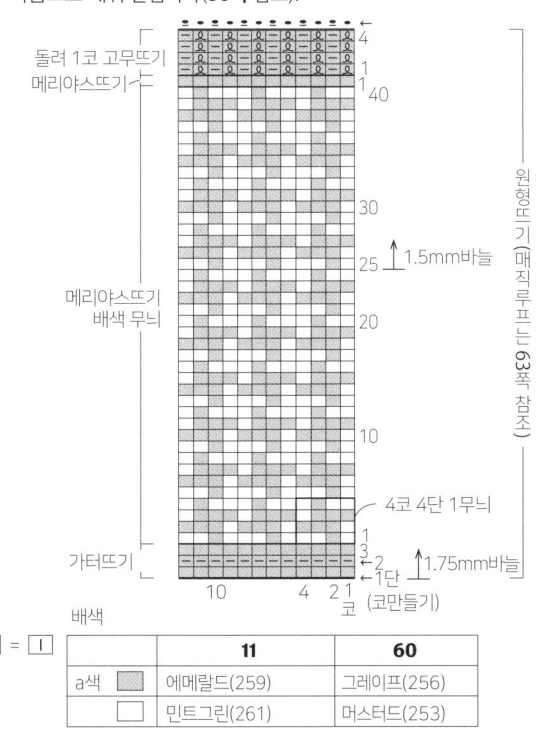

4색 카디건 18 /p.8
3색 카디건 21 /p.9

《실》
18 퍼피 NEW 3PLY 터쿼이즈(363), 차콜그레이(333), 머스터드(370), 레드오렌지(373)
21 퍼피 NEW 3PLY 네이비(326), 오프화이트(302), 레드(329)

《도구》
2mm 80cm 줄바늘

《기타》
18 지름 0.5cm 단추 3개
21 지름 0.6cm 단추 3개

《게이지》
메리야스뜨기 가로세로 1cm × 1cm: 4.5코 6단

《크기》
품 5.9cm, 길이 7.1cm, 뒷목점에서 소맷부리까지 길이 9.9cm

《만드는 방법》
실 1겹과 지정된 배색으로 뜹니다.
손가락에 실을 거는 방법으로 코를 만들고 요크를 메리야스뜨기로 늘리면서 왕복으로 뜹니다. 소매를 쉼코로 하고 다음 단에서 감아코 만들기를 해서 앞뒤 몸판을 늘리면서 뜹니다. 이어서 밑단의 돌려 1코 고무뜨기를 뜹니다. 다 뜨고 나서 앞 단과 같은 기호로 코막음을 합니다. **21**은 실을 자르지 않고 오른쪽 앞단, 뒤, 왼쪽 앞단 순서로 코를 줍고 돌려 1코 고무뜨기를 합니다. 왼쪽 앞단에는 단춧구멍을 만듭니다. 다 뜨고 나서 밑단과 동일하게 처리합니다. 소매는 요크의 쉼코를 바늘로 옮기고 감아코로 만든 코의 중앙에서 2코씩 주워 메리야스뜨기와 돌려 1코 고무뜨기로 원형으로 뜹니다. 다 뜨고 나서 밑단과 동일하게 처리합니다. 겨드랑이를 정리합니다. 앞단을 맞대어 재봉실로 감친 다음 온수에 담가 뜨개코를 정리하고, 속을 화학솜으로 채워 말립니다. 오른쪽 앞단에 단추를 답니다.
※**32~37쪽**의 만드는 방법도 참고하세요.

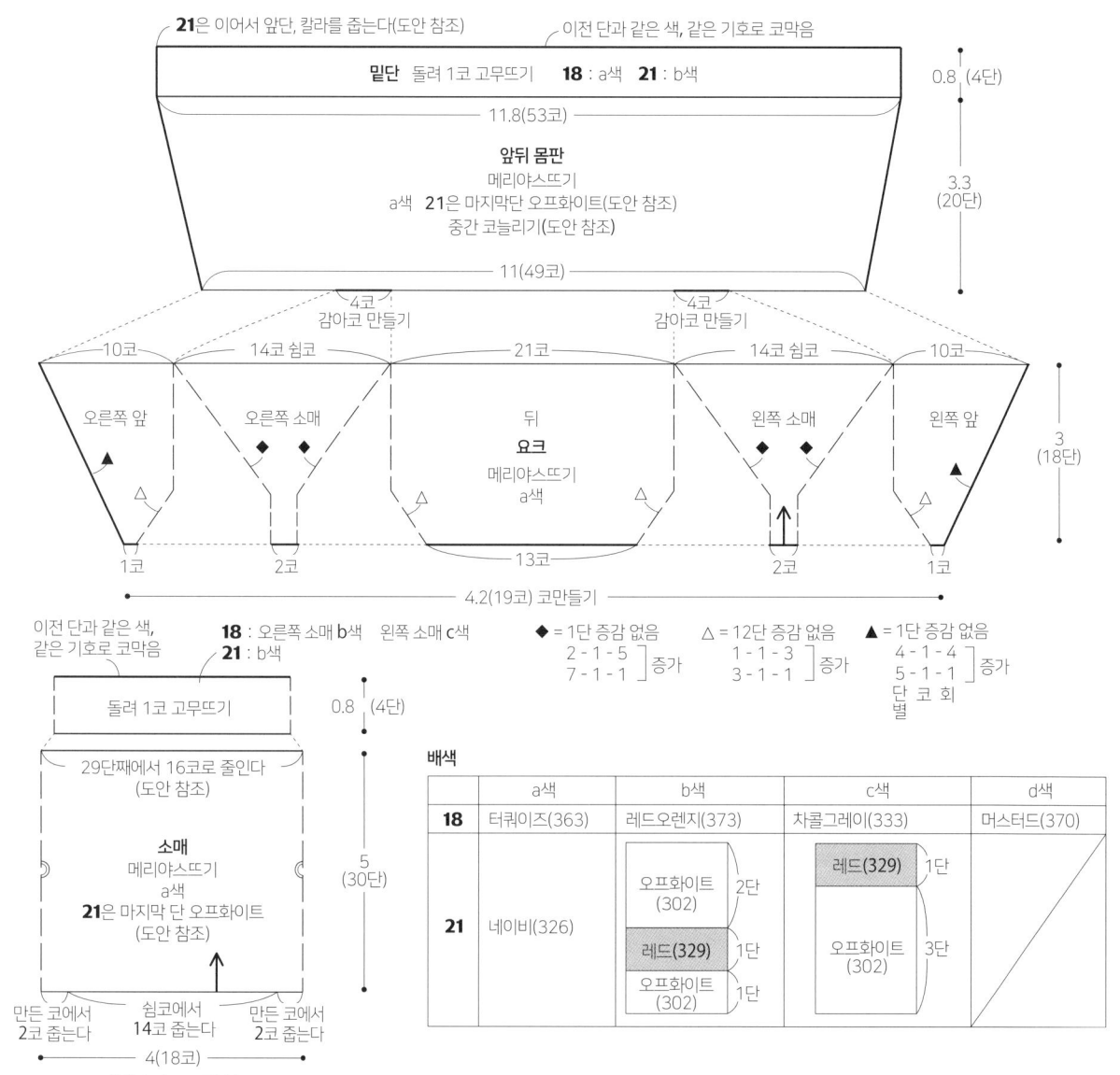

※매직루프는 63쪽 참조

배색	a색	b색	c색	d색
18	터쿼이즈(363)	레드오렌지(373)	차콜그레이(333)	머스터드(370)
21	네이비(326)	오프화이트(302) 2단 / 레드(329) 1단 / 오프화이트(302) 1단	레드(329) 1단 / 오프화이트(302) 3단	

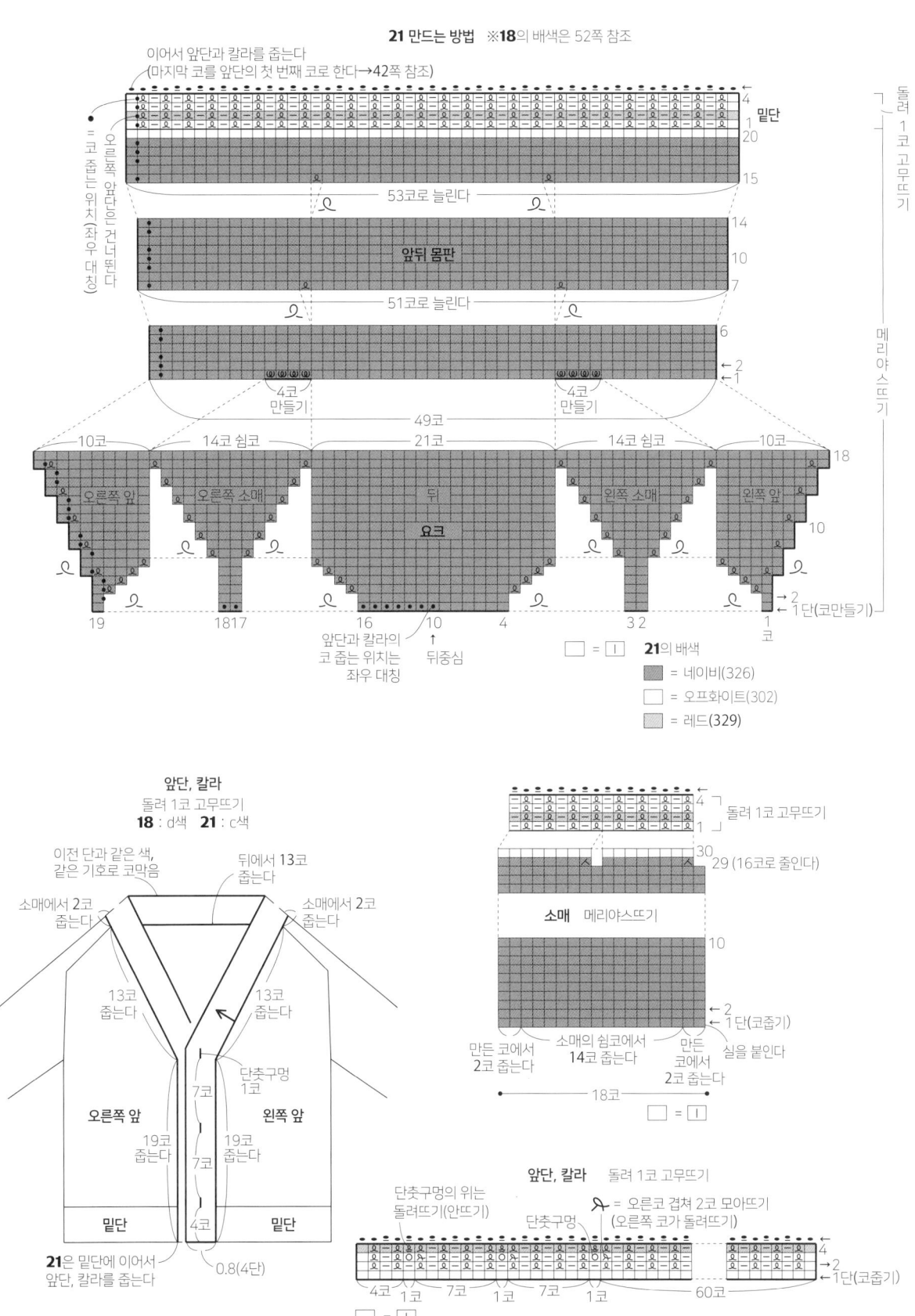

칼라 달린 재킷 24 /p.10
노르딕 재킷 27, 29 /p.11

《실》
24 퍼피 NEW 3PLY 피스타치오(369)
27 퍼피 NEW 3PLY 네이비(326), 그레이(364), 머스터드(370), 보르도(328), 스트로(365), 레드(329), 오프화이트(302)
29 퍼피 NEW 3PLY 브라운(317), 스트로(365), 그레이(364), 보르도(328), 오프화이트(302), 레드(329)

《도구》
2.5mm, 2mm 80cm 줄바늘

《기타》
지름 0.5cm 단추 4개

《게이지》
메리야스뜨기, 메리야스뜨기 배색 무늬 가로세로로 1cm × 1cm: 4.5코 6단

《크기》
품 6.3cm, 길이 7.3cm, 뒷목점에서 소맷부리까지 길이 10.2cm

《만드는 방법》
실 1겹과 지정된 호수의 바늘, 배색으로 뜹니다.
손가락에 실을 거는 방법으로 코를 만든 다음 칼라를 양면 돌려 1코 고무뜨기로 뜹니다. 이어서 요크를 메리야스뜨기(또는 메리야스뜨기 줄무늬)로 늘리면서 뜹니다. 소매를 쉼코로 하고 다음 단에서 감아코 만들기를 해서 뜹니다. 앞뒤 몸판을 지정된 위치에서 늘리면서 메리야스뜨기로 뜹니다. 계속해서 밑단의 돌려 1코 고무뜨기를 뜹니다. 다 뜨고 나서 이전 단과 같은 기호로 코막음을 합니다. 실은 자르지 않고 오른쪽 앞단의 양면 돌려 1코 고무뜨기를 뜹니다. 칼라의 9단은 안에서 줍습니다(**39쪽** 참조). 왼쪽 앞단은 실을 붙여서 대칭으로 줍고 단춧구멍을 만듭니다. 다 뜨고 나서 밑단과 동일하게 처리합니다. 소매는 요크의 쉼코를 바늘로 옮기고 감아코로 만든 코의 중앙에서 2코씩 주워 2단째에서 도안과 같이 1코 줄여서 메리야스뜨기(또는 메리야스뜨기 줄무늬), 돌려 1코 고무뜨기로 원통을 뜹니다. 다 뜨고 나서 밑단과 동일하게 처리합니다. 겨드랑이를 정리합니다. 앞단을 맞대어 재봉실로 감친 다음 온수에 담가 뜨개코를 정리한 후 속을 화학솜으로 채워 말립니다. 오른쪽 앞단에 단추를 답니다.
※32~37쪽의 만드는 방법도 참고하세요.

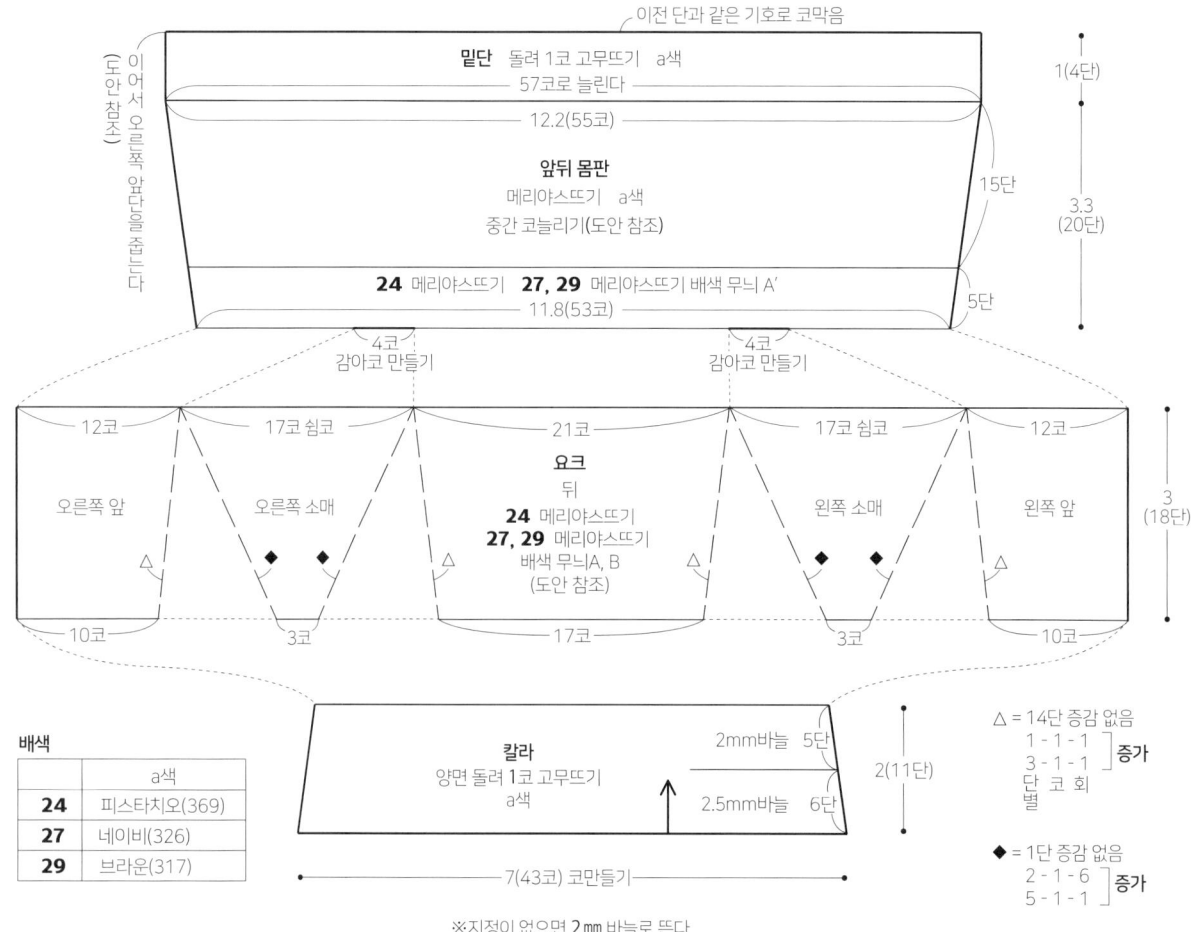

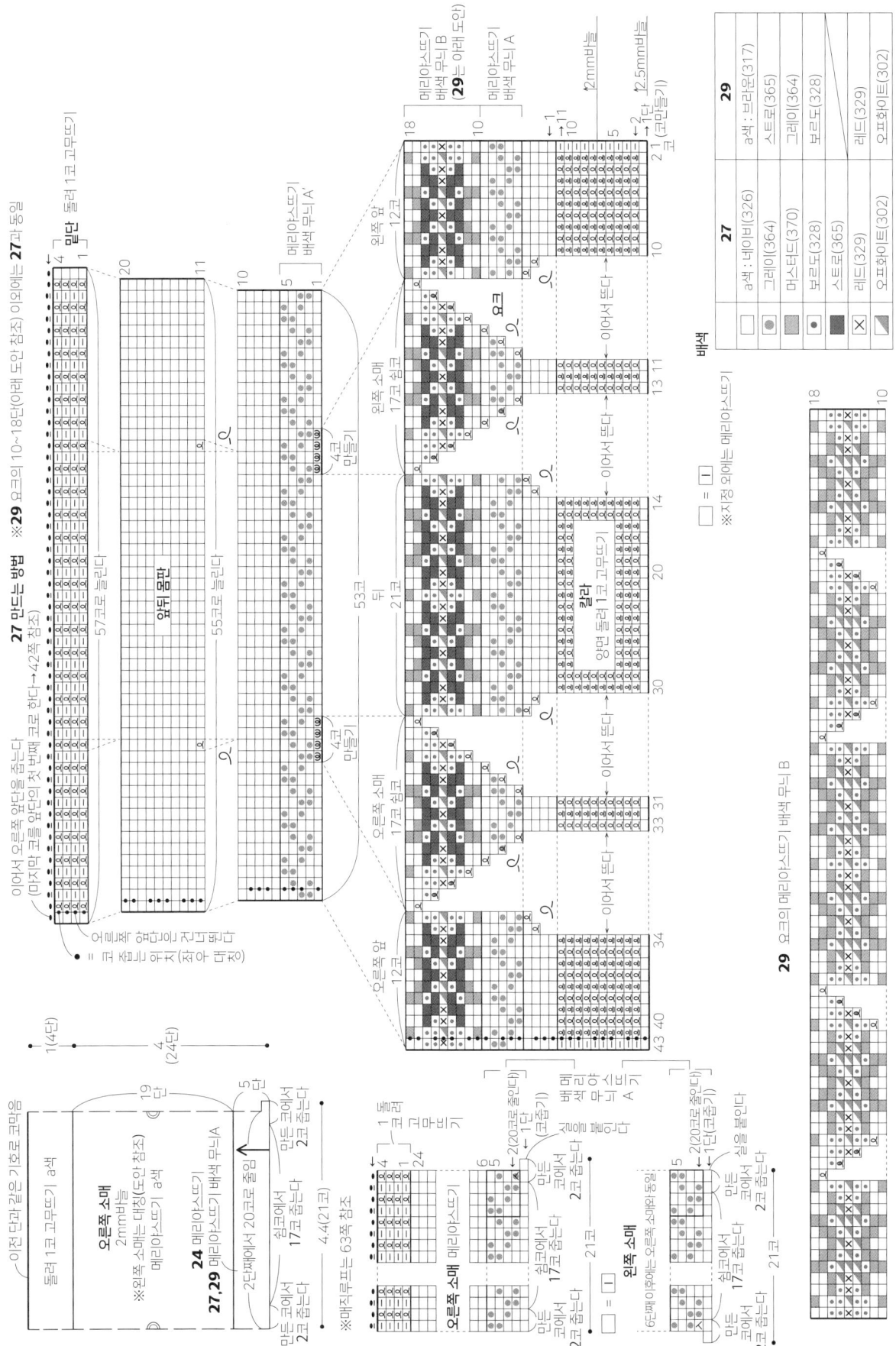

왼쪽 앞단 양면 돌려 1코 고무뜨기

※오른쪽 앞단은 대칭으로 줍는다(단춧구멍을 만들지 않는다)

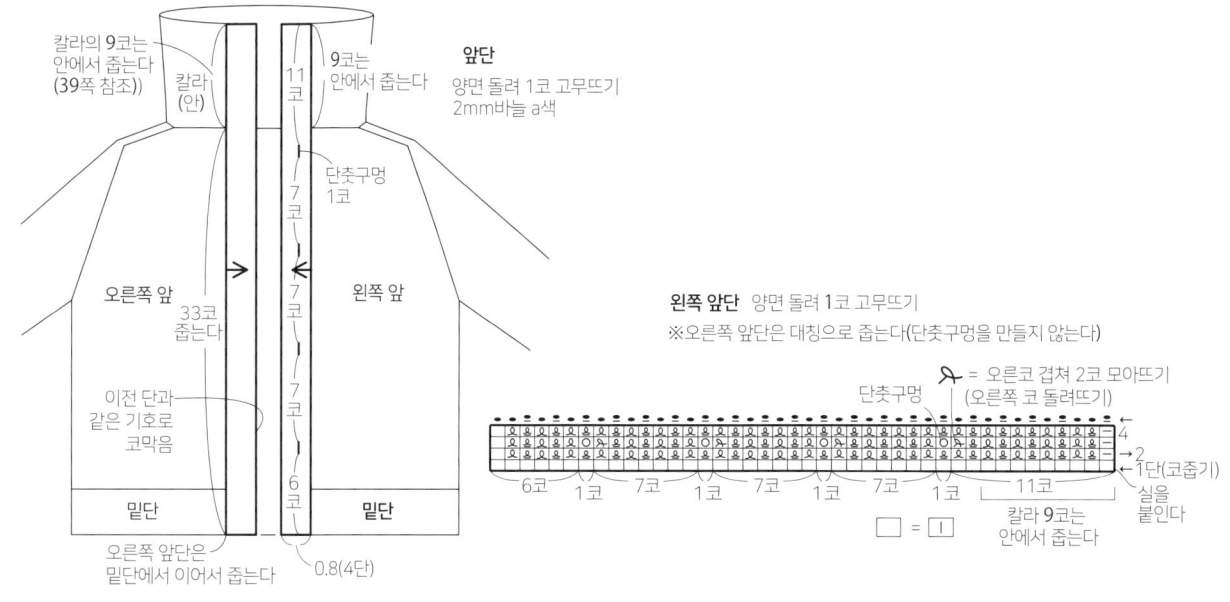

라메 백 12 /p.6, 21, 28 64 /p.22, 23, 28

《실》

DARUMA 라메 레이스실 #30

12 샴페인골드(6) **64** 브론즈(5)

《도구》

No.4 레이스용 코바늘

《게이지》

한길긴뜨기 가로세로 1㎝ × 1㎝: 4.3코 2단

《크기》

폭 6㎝, 깊이 3㎝

《만드는 방법》

실 1겹으로 뜹니다.

가방 손잡이를 스레드 코드로 2개 뜹니다. 본체는 실을 20㎝ 남기고 사슬뜨기로 코를 만듭니다. 1단째는 사슬의 뒷산을 주워서 뜹니다. 무늬뜨기를 12단 뜬 후 실을 20㎝ 남기고 자릅니다. 손잡이를 재봉실로 고정한 다음, 본체에 끼워서 시작 때 남긴 실로 감칩니다. 반으로 접어서 트인 부분까지 양옆을 이어 붙입니다.

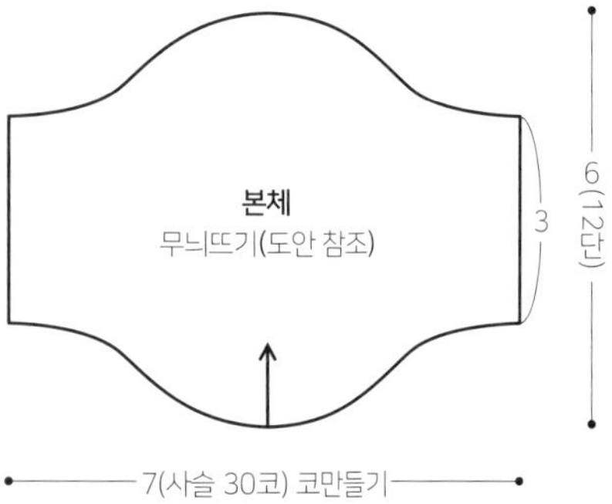

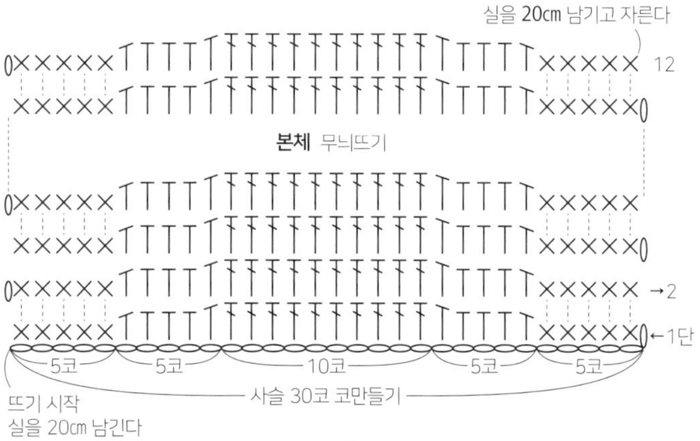

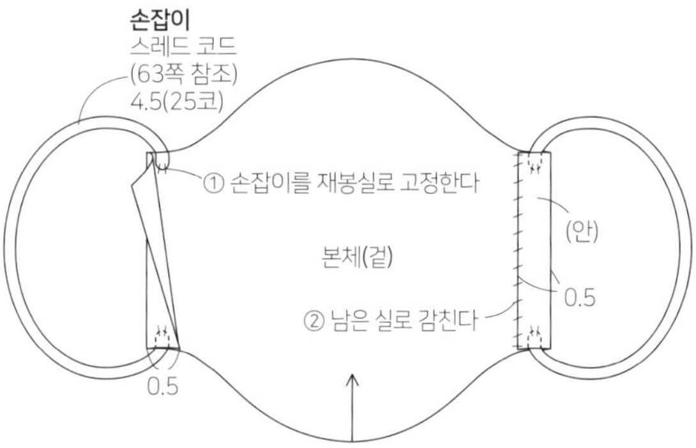

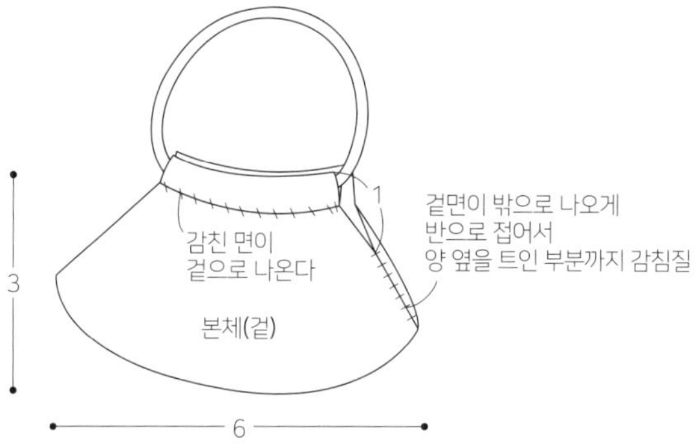

뜨개 폼폼 모자 26, 28 /p.11, 28   79 /p.28

《실》

26 퍼피 NEW 3PLY 네이비(326), 머스터드(370), 보르도(328),
스트로(365), 레드(329), 오프화이트(302)
퍼피 브리티시 파인 오프화이트(001)

28 퍼피 NEW 3PLY 브라운(317), 그레이(364), 보르도(328),
오프화이트(302), 레드(329)
퍼피 브리티시 파인 오프화이트(001)

79 퍼피 NEW 3PLY 오프화이트(302), 레드(329)
퍼피 브리티시 파인 오프화이트(001)

《도구》

2mm 80cm 줄바늘

《게이지》

메리야스뜨기, 메리야스뜨기 배색 무늬 가로세로 1cm × 1cm: 4.5코 6단

《크기》

머리둘레 12.4cm, 깊이 4cm

《만드는 방법》

실 1겹과 지정된 배색으로 뜹니다.

실을 20cm 남기고 손가락에 실을 거는 방법으로 코를 만든 다음 가터뜨기를 왕복 6단 뜹니다. 메리야스뜨기 배색 무늬는 실을 옆으로 건네는 방식으로 배색하면서 원통으로 뜹니다. 이어서 메리야스뜨기를 줄이면서 뜨고 남은 코에 실을 통과시켜서 조입니다. 시작 때 남긴 실로 왕복뜨기 6단을 감침질합니다. 온수에 담가 뜨개코를 정리한 후 속을 화학솜으로 채워 말립니다(36쪽 참조). 폼폼을 만들어 위쪽에 달아줍니다.

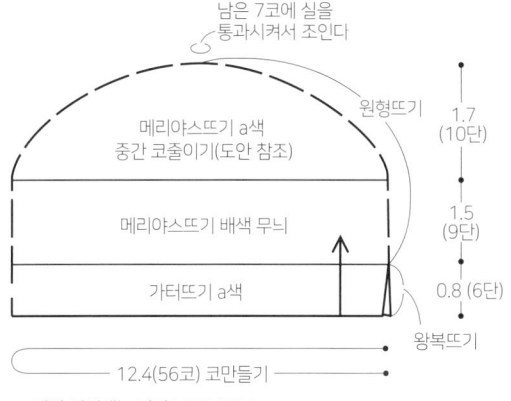

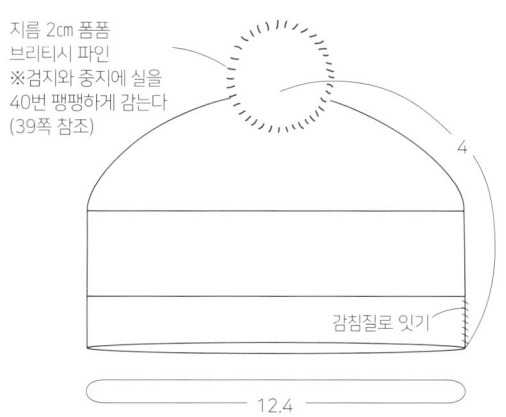

26 만드는 방법

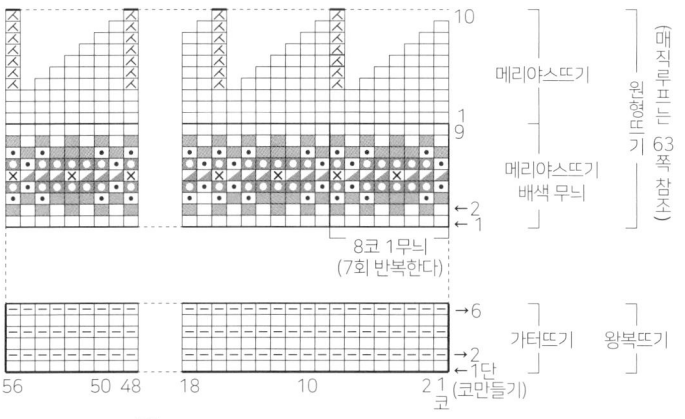

28 메리야스뜨기 배색 무늬

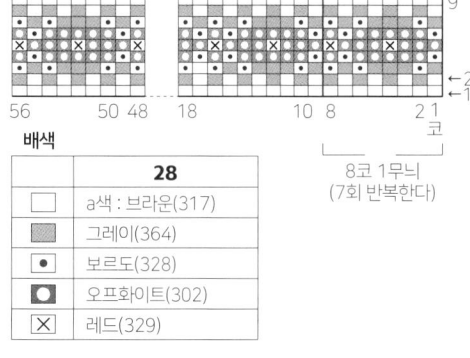

79 메리야스뜨기 배색 무늬

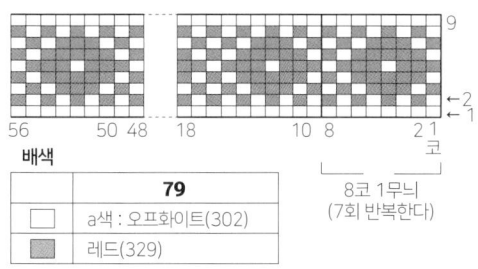

DOLL KNIT

아란 포셰트 22 /p.9, 14, 19   40 /p.16, 29

《실》
퍼피 NEW 3PLY
22 오프화이트(302) **40** 베이지(356)

《도구》
2mm 80cm 줄바늘, 1.3mm 비즈뜨기 바늘, No.0 레이스용 코바늘

《게이지》
무늬뜨기 가로세로 1cm × 1cm: 5.5코 6.3단
메리야스뜨기 가로세로 1cm × 1cm: 4.5코 6단

《크기》
폭 3cm, 깊이 3.8cm

《만드는 방법》
실 1겹과 지정된 호수의 바늘로 뜹니다.
손가락에 실을 거는 방법으로 코를 만든 다음 무늬뜨기로 뜹니다.
이어서 메리야스뜨기를 뜹니다. 이때 1단째에서 줄이면서 뜹니다.
다 뜨고 나서 코막음을 하고 옆선과 바닥의 감칠 실을 30cm 남기고 자릅니다. 겉면이 밖을 향하게 둘로 접고 남은 실로 옆선과 바닥을 감침질합니다. 끈을 스레드 코드로 뜨고 고정합니다. 온수에 담가 뜨개코를 정리한 후 속을 화학솜으로 채워 말립니다(36쪽 참조).

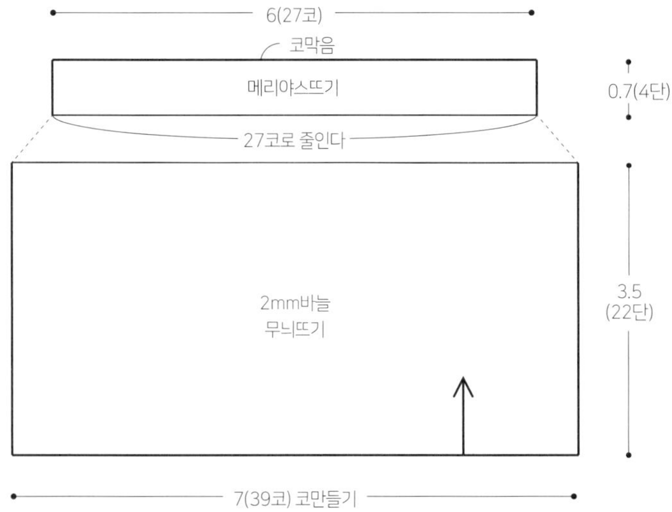

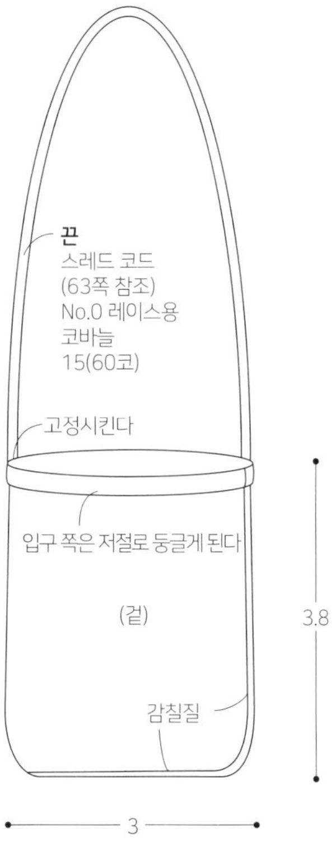

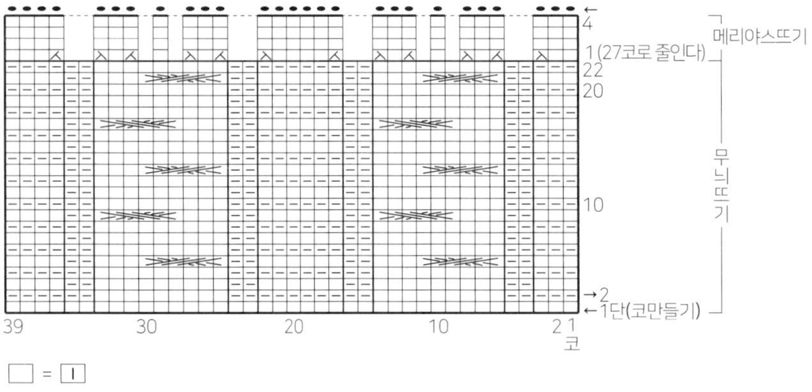

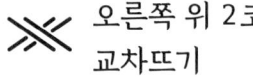

오른쪽 위 2코 교차뜨기

※콧수가 달라져도 같은 방법으로 뜬다
※별도로 비즈뜨기 바늘을 사용한다

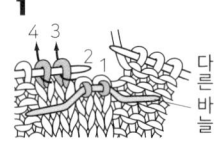

1 1과 2의 코를 다른 바늘에 옮겨 앞쪽에 둔다. 3과 4의 코를 겉뜨기한다

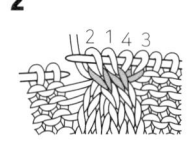

2 앞쪽에 둔 1과 2의 코를 겉뜨기한다. 오른쪽 2코가 위로 교차한다

왼쪽 위 2코 교차뜨기

※콧수가 달라져도 같은 방법으로 뜬다
※별도로 비즈뜨기 바늘을 사용한다

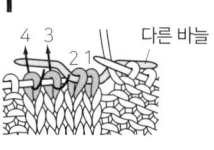

1 1과 2의 코를 다른 바늘에 옮겨 뒤쪽에 두고, 3과 4의 코를 겉뜨기한다

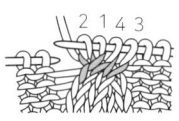

2 뒤쪽에 둔 1과 2의 코를 겉뜨기하면, 왼쪽 2코가 위로 교차한다

2way 아란 카디건 30 /p.12
2way 아란 롱 카디건 33 /p.13

《실》
30 퍼피 NEW 3PLY 오프화이트(302)
33 퍼피 NEW 3PLY 더스티핑크(304)

《도구》
2mm 80cm 줄바늘, No.6 레이스용 코바늘

《기타》
30 지름 0.5cm 단추 4개
33 지름 0.6cm 단추 6개

《게이지》
메리야스뜨기 가로세로 1cm × 1cm: 4.5코 6단

《크기》
30 품 6.4cm, 길이 7cm, 뒷목점에서 소맷부리까지 길이 9.7cm
33 품 6.4cm, 길이 11cm, 뒷목점에서 소맷부리까지 길이 9.7cm

《만드는 방법》
실 1겹과 지정된 호수의 바늘로 뜹니다.
손가락에 실을 거는 방법으로 코를 만든 다음 목둘레를 돌려 1코 고무뜨기로 뜹니다. 이어서 요크를 메리야스뜨기로 늘리면서 뜹니다. 소매를 쉼코로 하고 다음 단에서 감아코 만들기를 해서 뜹니다. 앞뒤 몸판을 지정된 위치에서 늘리면서 뜹니다. 이어서 밑단의 돌려 1코 고무뜨기를 뜨고 다 뜨고 나서 이전 단과 동일한 기호로 코막음을 합니다. 실은 자르지 않고 오른쪽 앞단의 주운코로 해서 돌려 1코 고무뜨기를 뜹니다. 왼쪽 앞단은 실을 붙여서 뜨고 단춧구멍을 만듭니다. 다 뜨고 나서 밑단과 동일하게 처리합니다. 소매는 요크의 쉼코를 바늘로 옮기고 감아코의 중앙에서 2코씩 주워 메리야스뜨기를 원통으로 뜹니다. 2, 3단째와 24단째에서 도안과 같이 줄입니다. 이어서 돌려 1코 고무뜨기를 뜨고 다 뜨고 나서 밑단과 동일하게 처리합니다. 겨드랑이를 정리합니다. 앞단을 맞대어 재봉실로 감친 다음 온수에 담가 뜨개코를 정리한 후 속을 화학솜으로 채워 말립니다. 오른쪽 앞단에 단추를 답니다.

※도안은 앞트임으로 설명하지만, 앞뒤를 바꿔 착용할 수 있습니다.
※32~38쪽의 만드는 방법도 참고하세요.

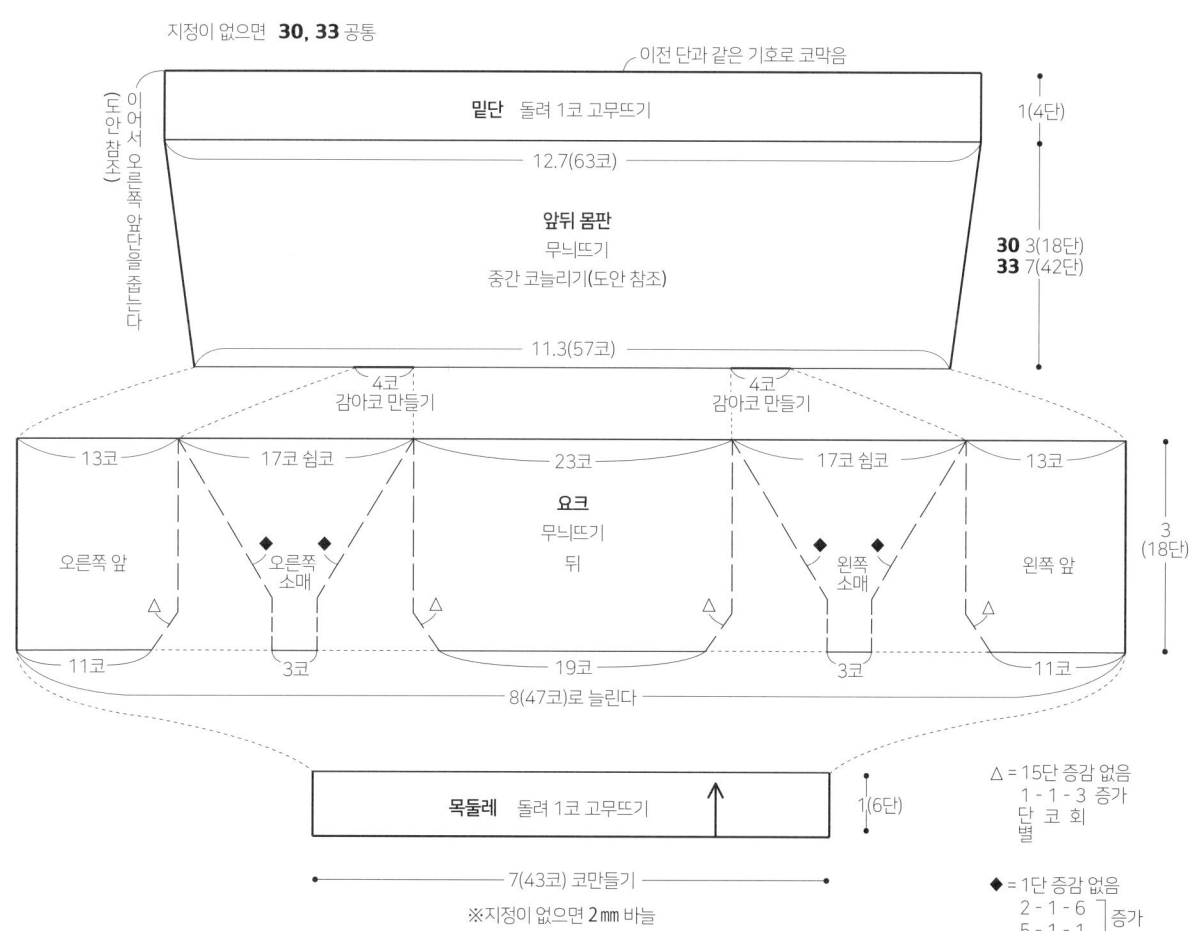

다음 페이지에서 계속

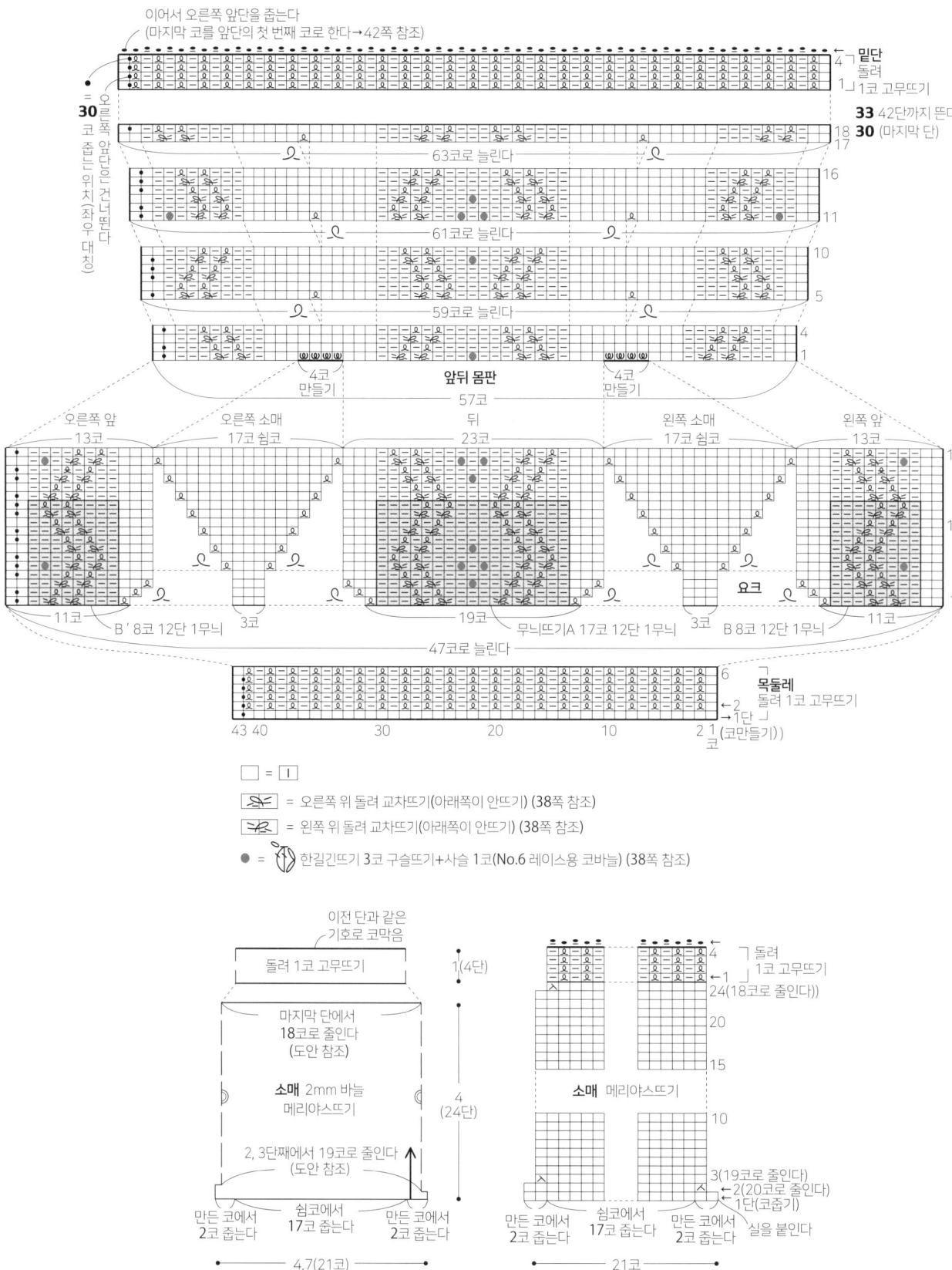

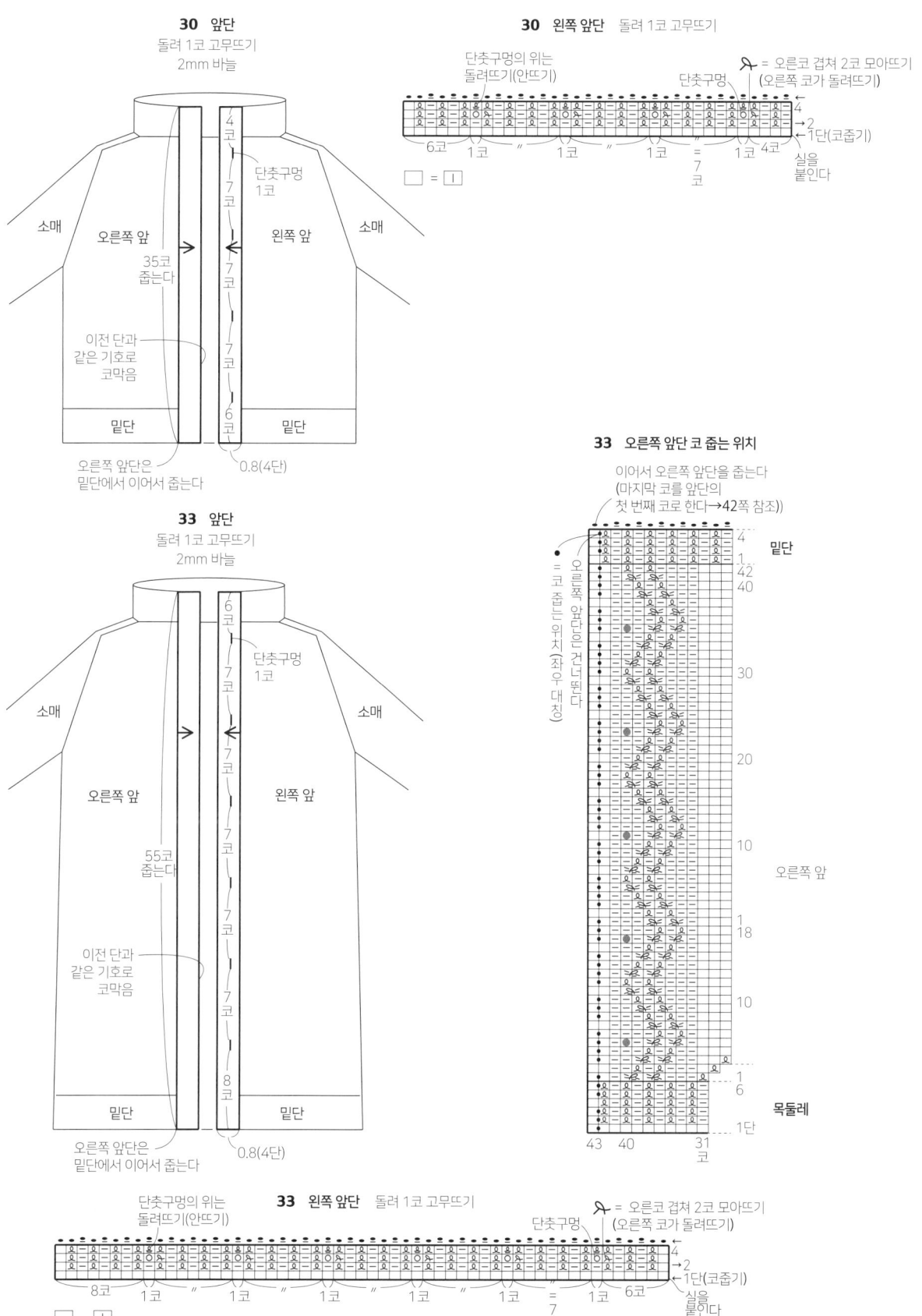

줄무늬 토트백 31 /p.12, 26, 27, 28
토트백 43 /p.16, 27, 28

《실》
31 올림푸스 사시코실 천연색(2), 감색(10)
43 올림푸스 사시코실 머스터드(5)

《도구》
2mm 80cm 줄바늘

《기타》
폭 0.4cm × 길이 8cm 가죽끈 2개, 재봉실

《게이지》
메리야스뜨기, 메리야스뜨기 줄무늬 가로세로 1cm × 1cm: 4코 5.5단

《크기》
폭 5cm, 깊이 4.7cm

《만드는 방법》
실 1겹과 지정된 배색으로 뜹니다.
실을 20cm 남기고 손가락에 실을 거는 방법으로 코를 만든 다음 가터뜨기를 왕복 4단 뜹니다. 31은 메리야스뜨기 줄무늬, 43은 메리야스뜨기를 줄이면서 원통으로 뜹니다. 다 뜨고 나서 쉼코로 하고 맞대어서 메리야스 잇기를 합니다. 시작 때 남긴 실로 왕복뜨기 4단을 감침질로 이어줍니다. 송곳으로 가죽 손잡이에 구멍을 뚫고 지정된 위치에 재봉실로 고정합니다.

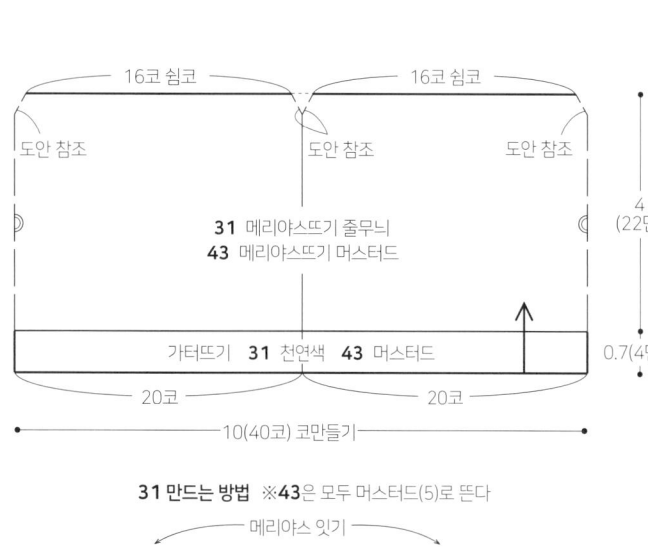

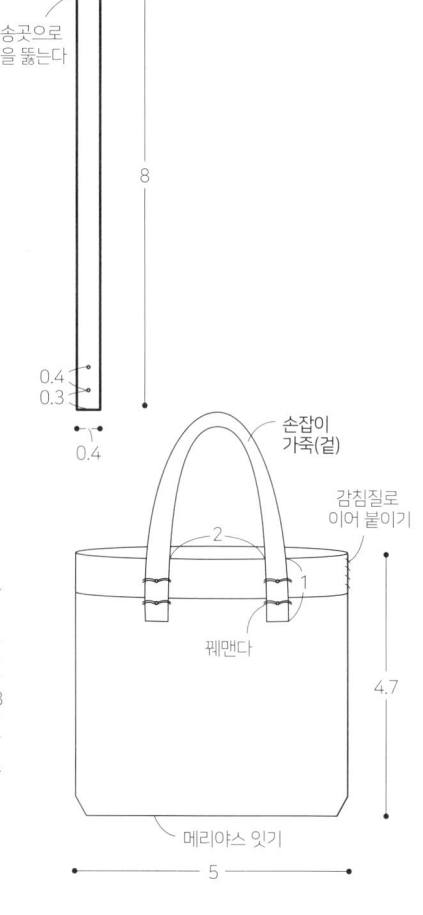

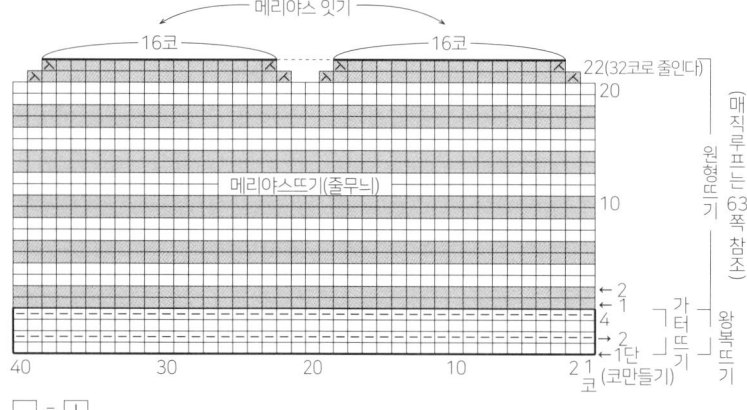

□ = □

31의 배색
□ = 천연색(2)
▨ = 감색(10)

메리야스 잇기

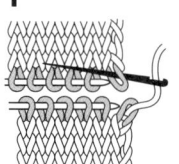

1
아래 코에서 실을 내서 위의 끝코에 바늘을 넣는다.

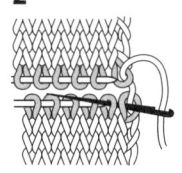

2
아래 끝의 코로 돌아가서 그림과 같이 바늘을 넣는다.

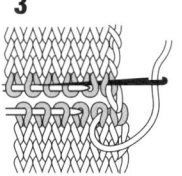

3
위 끝의 코와 다음 코에 바늘을 넣어서 계속한다.

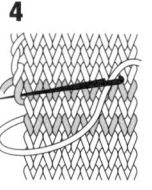

4
2, 3을 반복해서 마지막 코에 바늘을 넣어서 뺀다.

이어 머플러 & 티핏 32 /p.13, 28   61 /p.22

《실》
32 퍼피 키드 모헤어 파인 다크레드(20)
    퍼피 NEW 3PLY 브라운(317)
61 퍼피 키드 모헤어 파인 오프화이트(2)
    퍼피 NEW 3PLY 오프화이트(302)

《도구》
2.75mm 80cm 줄바늘, No.0 레이스용 코바늘

《게이지》
메리야스뜨기 가로세로 1cm × 1cm: 3.3코 4단

《크기》
폭 3cm, 길이 10cm(끈 미포함)

《만드는 방법》
실 1겹과 지정된 배색, 지정된 호수의 바늘로 뜹니다.
끈을 스레드 코드로 2개 뜹니다. 실을 20㎝ 남기고 손가락에 실을 거는 방법으로 코를 만든 다음 2단째에서 코를 늘립니다. 메리야스 뜨기로 원통을 뜹니다. 마지막 단에서 코를 줄입니다. 남은 코에 실을 통과시키고 만들어 둔 끈의 뜨개가 끝나는 쪽을 한 번 묶어서 속에 넣은 다음 조입니다. 뜨개 시작 쪽은 남겨 둔 실을 만든 코에 통과시켜 마찬가지로 조입니다. 온수에 담가 뜨개코를 정리한 후(36쪽 참조) 말립니다.

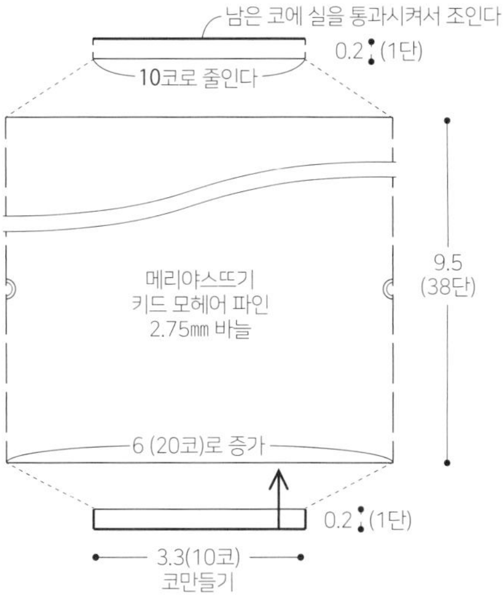

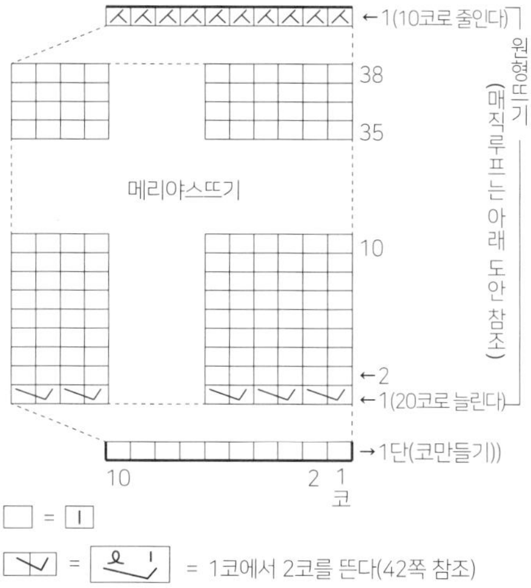

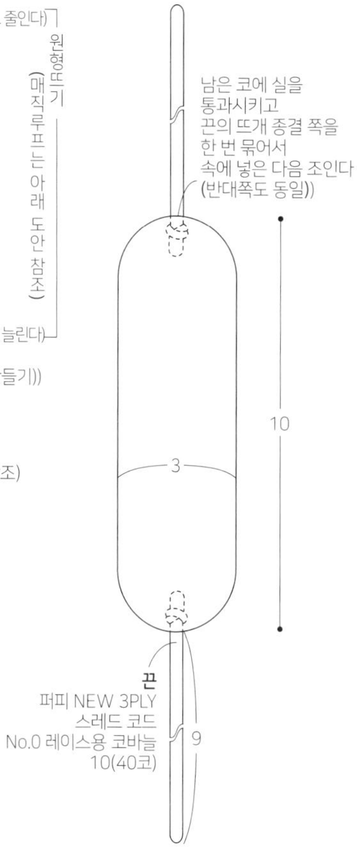

스레드 코드

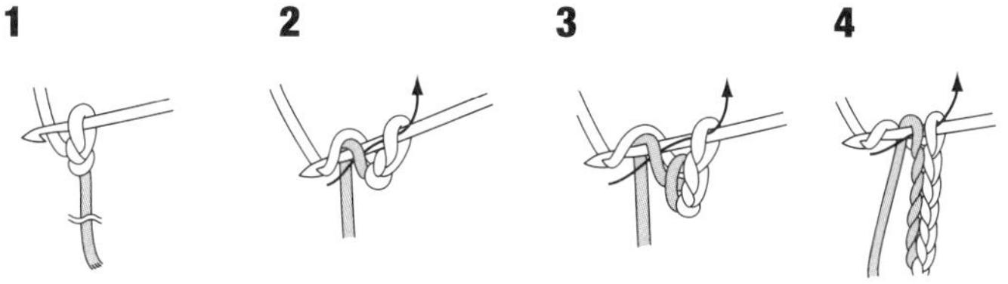

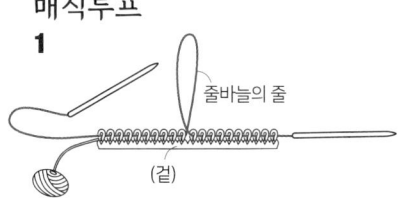

완성 치수의 3배 길이로 실을 남기고 사슬을 1코 뜬다. 남긴 실을 앞에서 뒤쪽으로 걸고, 다른 쪽의 실을 걸어서 빼낸다. 반복해서 필요한 콧수만큼 뜬다

매직루프

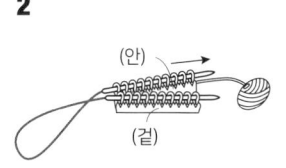
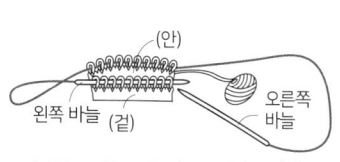

1. 원통으로 뜰 때는 코를 바늘에서 줄바늘의 줄로 이동시킨 다음 코를 반으로 나눠 코와 코 사이에서 줄바늘의 줄을 꺼낸다
2. 코를 바늘 끝으로 이동시키고 실이 붙어 있는 바늘을 뒤쪽으로 보내서 뒤쪽 바늘을 뺀다
3. 뺀 오른쪽 바늘로 앞쪽(뜨는 사람 기준)을 뜬다. 앞쪽 코를 뜨고 나서 왼쪽 바늘에 뒤쪽 코를 통과시킨 다음 오른쪽 바늘을 빼서 다시 앞쪽을 뜬다

모헤어 후드 재킷 34 /p.14
3색 후드 재킷 45 /p.17

《실》
34 퍼피 키드 모헤어 파인 에메랄드(48)
45 퍼피 NEW 3PLY 베이지(356), 오프화이트(302), 올리브(349)

《도구》
2mm 80cm 줄바늘

《기타》
지름 0.3cm 단추 4개

《게이지》
메리야스뜨기 가로세로 1cm × 1cm: 4.5코 6단

《크기》
품 5.9cm, 길이 7.1cm, 뒷목점에서 소맷부리까지 길이 10.4cm

《만드는 방법》
실 1겹과 지정된 배색으로 뜹니다.
후드의 바늘 3개 코막음으로 실을 30cm 남기고, 손가락에 실을 거는 방법으로 코를 만든 다음 후드의 톱에서 메리야스뜨기와 돌려 1코 고무뜨기로 줄이면서 뜹니다. 이어서 요크를 늘리면서 뜹니다. 소매를 쉼코로 하고 다음 단에서 감아코 만들기를 해서 앞뒤 몸판을 메리야스뜨기로 뜨고, 이어서 밑단의 돌려 1코 고무뜨기를 뜹니다. 다 뜨고 나서 이전 단과 같은 기호로 코막음 합니다. 실은 자르지 않고 남겨 둡니다. 후드는 겉이 안으로 가도록 맞대고, 뜨기 시작할 때 남긴 실로 바늘 3개 코막음을 합니다. 다 뜨고 나서 남겨 둔 실로 오른쪽 앞단, 후드 둘레, 왼쪽 앞단 순서로 코를 주워 돌려 1코 고무뜨기를 합니다. 왼쪽 앞단에는 단춧을 만듭니다. 다 뜨고 나서 밑단과 동일하게 처리합니다. 소매는 요크의 쉼코를 바늘로 옮기고 감아코의 중앙에서 2코씩 주워 메리야스뜨기와 돌려 1코 고무뜨기로 원통을 뜹니다. 다 뜨고 나서 밑단과 동일하게 처리합니다. 겨드랑이를 정리합니다. 앞단을 맞대어 재봉실로 감친 다음 온수에 담가 뜨개코를 정리한 후 속을 화학솜으로 채워 말립니다. 오른쪽 앞단에 단추를 답니다.
※32~37쪽의 만드는 방법도 참고하세요.

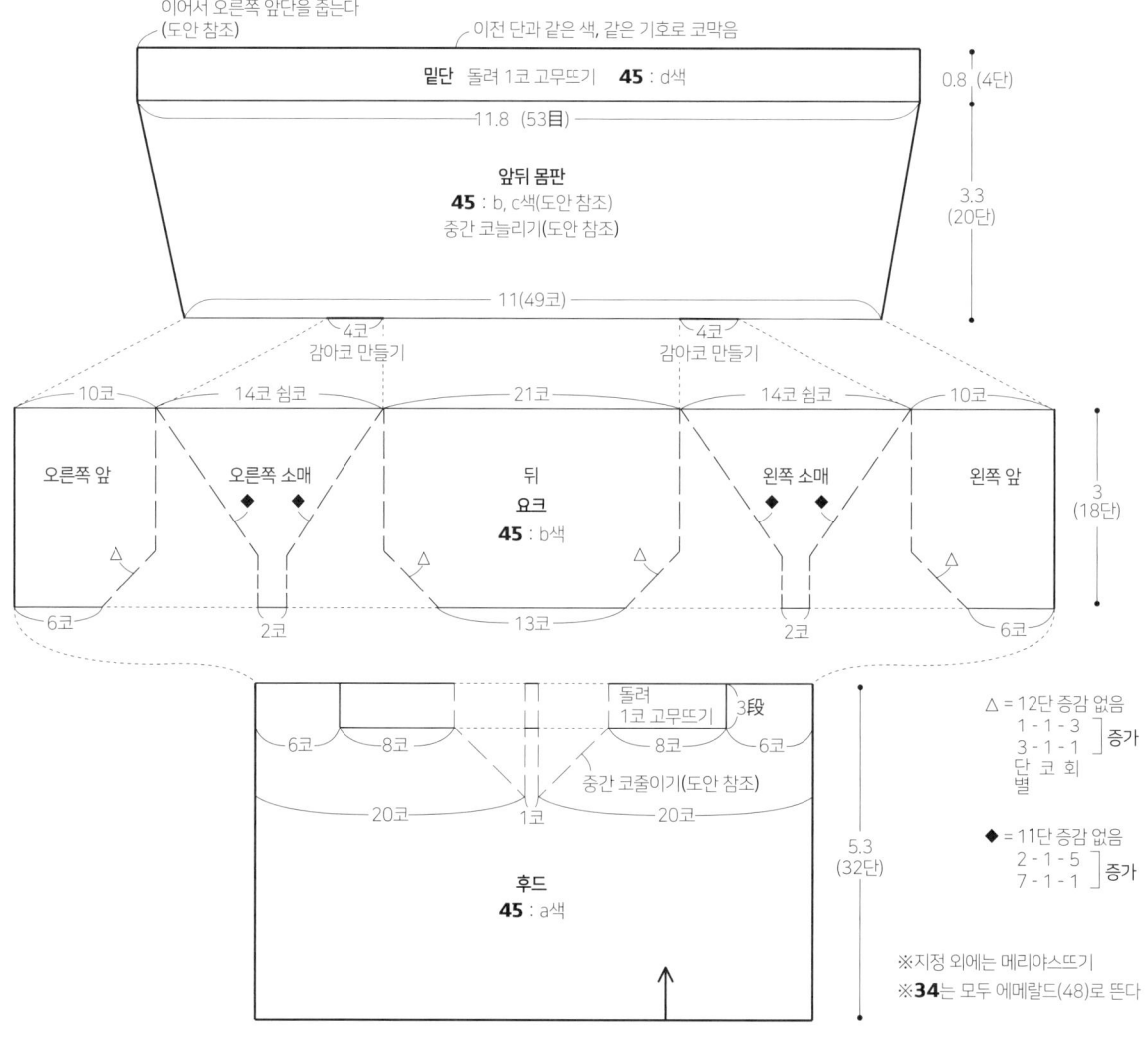

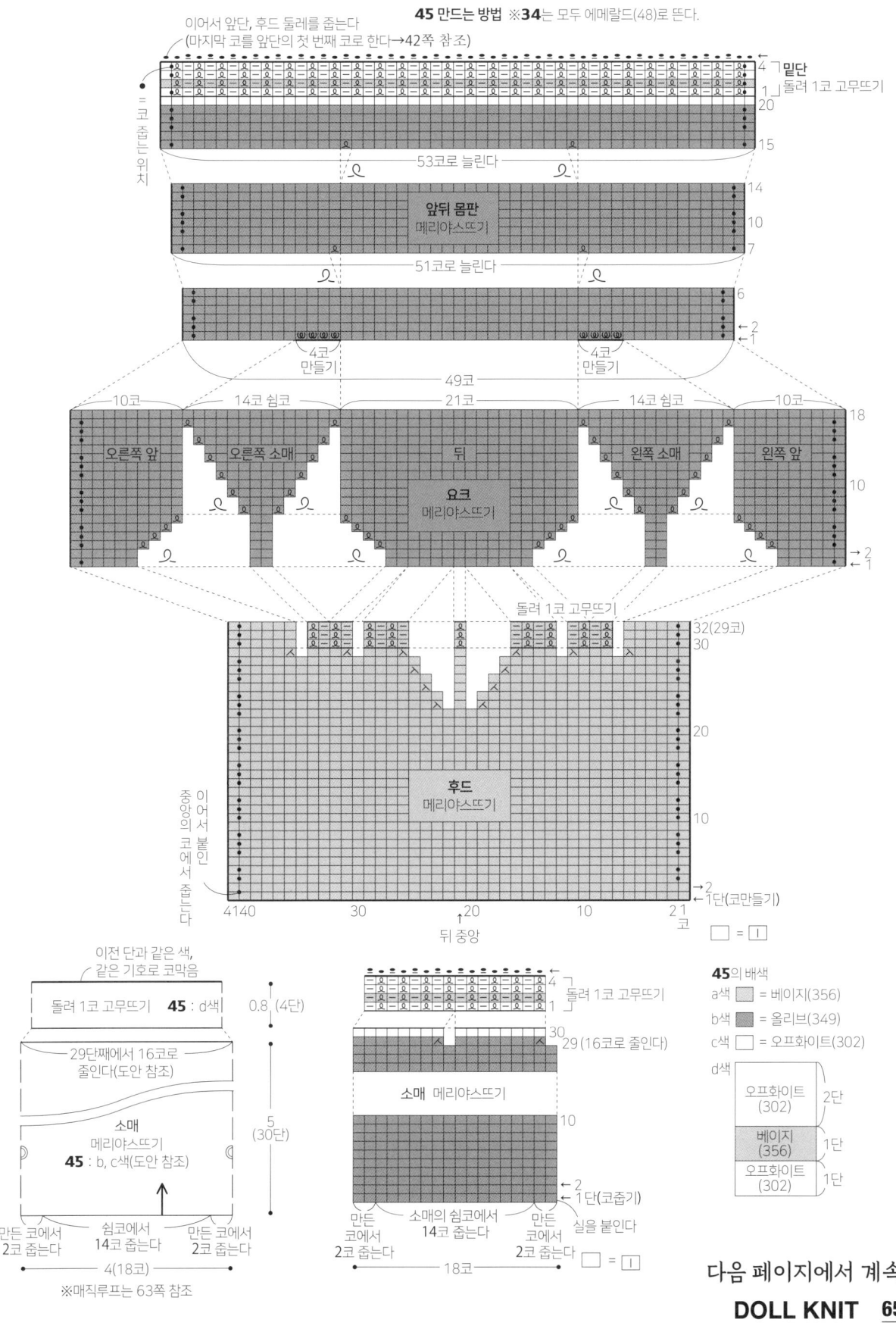

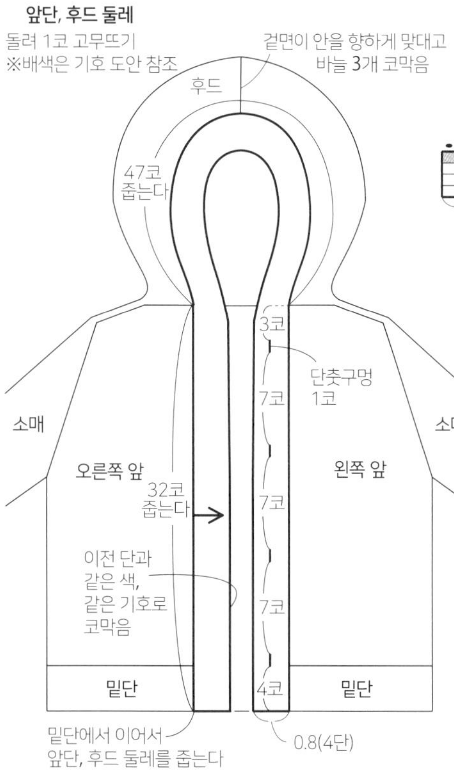

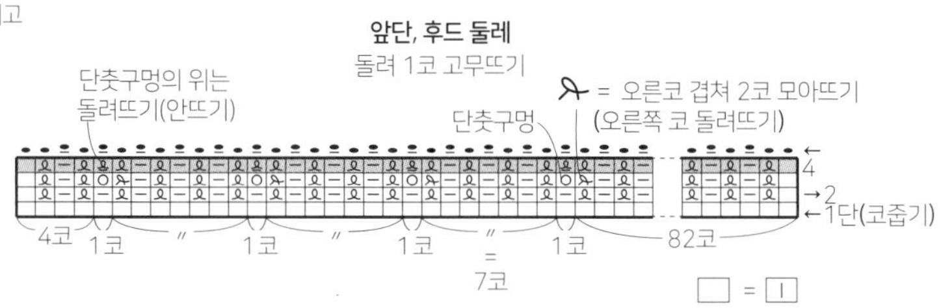

앞단, 후드 둘레
돌려 1코 고무뜨기
※배색은 기호 도안 참조

앞단, 후드 둘레
돌려 1코 고무뜨기

45의 배색
□ = 오프화이트(302)
▨ = 베이지(356)
※**34**는 모두 에메랄드(48)

바늘 3개 코막음
※만든 코에서 주울 때도 마찬가지로 코바늘을 넣어서 뺀다

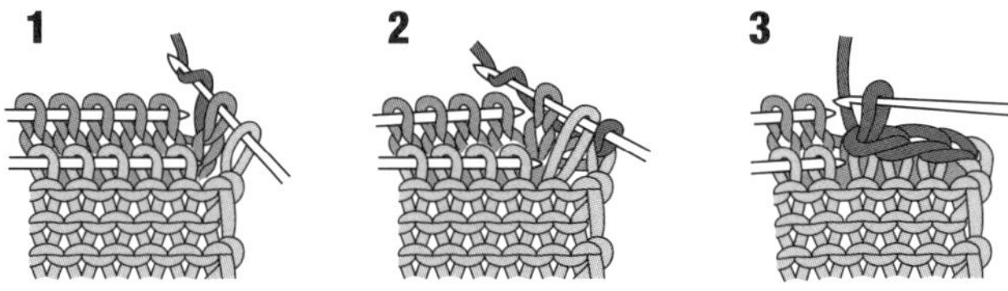

1 겉면이 안을 향하게 맞대고 끝의 2코를 뺀다
2 뺀 코와 다음 2코를 한 번에 뺀다
3 2를 반복한다

서클 모티브 포셰트 63   63 /p.22, 27   70 /p.23, 25, 27

《실》
올림푸스 사시코실 〈가는 타입〉
63 천연색(202), 파랑(210), 감색(211), 남색(209)
70 천연색(202), 황록색(206), 샐몬핑크(213),
흰색(201), 밝은노랑(216)

《도구》
No.8, No.4 레이스용 코바늘

《기타》
지름 0.6cm 단추 1개

《크기》
폭 3.5cm, 깊이 3.5cm

《만드는 방법》
실은 2겹을 사용하지만 지정되어 있지 않으면 1겹을 사용합니다. 지정된 호수의 바늘, 배색으로 뜹니다. 모티브는 원형 코를 만들어서 뜹니다. 3단째 이후의 구슬뜨기는 이전 단의 사슬을 다발로 주워서 뜹니다. 2장을 뜬 다음 겉이 밖으로 나오게 겹쳐서 입구를 남기고 반코 감침질합니다. 스레드 코드로 끈과 고리를 뜨고 모티브에 고정합니다. 단추를 답니다.

모티브의 배색

단수	63	70
6	천연색(202)	천연색(202)
5		
4	파란색(210)	황록색(206)
3	감색(211)	샐몬핑크(213)
2	남색(209)	흰색(201)
1	천연색(202))	밝은노랑(216)

✕ = 짧은뜨기 이랑뜨기(83쪽 참조)
◁ = 실을 붙인다
◀ = 실을 자른다

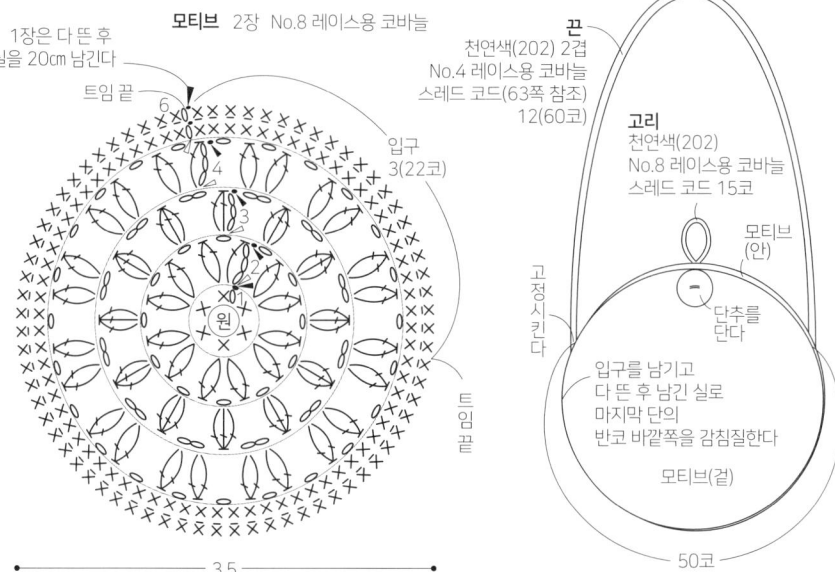

캉캉 모자 36 /p.14, 26 66 /p.23, 25, 26, 27

《실》
DARUMA 레이스실 #40 무라사키노
36 천연색(2) **66** 옅은갈색(17)

《도구》
No.8 레이스용 코바늘

《기타》
36 폭 0.3cm × 길이 13cm 리본

《게이지》
짧은뜨기 이랑뜨기 가로세로 1cm × 1cm: 7코 5단

《크기》
머리둘레 11cm, 깊이 1.4cm

《만드는 방법》
실 1겹으로 뜹니다.
원형 코를 만들어서 톱부터 뜨기 시작합니다. 2단째 이후는 이전 단의 짧은뜨기 뒤쪽 반코를 주워 짧은뜨기 이랑뜨기로 늘리면서 뜹니다. 사이드는 증감 없이 뜨고 브림은 늘리면서 뜨고 빼뜨기를 3코 뜹니다. **36**은 사이드에 리본을 감고 끝을 0.5cm 겹쳐서 꿰맵니다.

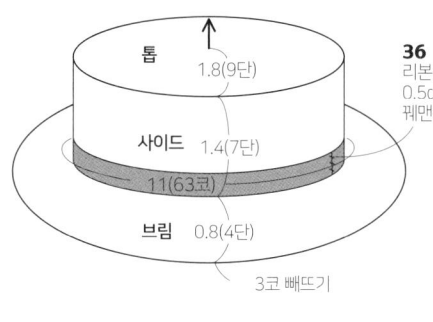

※2단 이후, 지정 이외에는 모두 짧은뜨기 이랑뜨기로 뜬다

콧수와 코늘리기

	뜨개면	단수	콧수	코늘리기
브림	빼뜨기		3	
		4	91	+7
		3	84	+7
		2	77	+7
		1	70	+7
사이드		7 ~ 1	63	±0
톱	짧은뜨기 이랑뜨기	9		+7
		8	56	+7
		7	49	+7
		6	42	+7
		5	35	+7
		4	28	+7
		3	21	+7
		2	14	+7
	짧은뜨기	1	7	

✗ = 2단 이후, 지정 이외에는 모두 짧은뜨기 이랑뜨기(83쪽 참조)로 뜬다

∨ = 짧은뜨기 이랑뜨기를 2코 뜬다

DOLL KNIT

모헤어 V넥 스웨터 37 /p.14
3색 V넥 스웨터 44 /p.17

《실》
37 퍼피 키드 모헤어 파인 황록색(51)
44 퍼피 NEW 3PLY 물색(311), 차콜그레이(333), 검정색(334)

《도구》
2㎜ 80㎝ 줄바늘

《게이지》
메리야스뜨기 가로세로 1㎝ × 1㎝: 4.5코 6단

《크기》
품 5.5㎝, 길이 7.1㎝, 뒷목점에서 소맷부리까지 길이 9㎝

《만드는 방법》
실 1겹과 지정된 배색으로 뜹니다.
손가락에 실을 거는 방법으로 코를 만들고 요크를 메리야스뜨기로 늘리면서 왕복으로 뜹니다. 소매를 쉼코로 하고 다음 단에서 감아코 만들기를 해서 뜹니다. 단이 끝나는 곳의 앞 중심에서 감아코 만들기를 하고 원통으로 뜹니다. 지정된 위치에서 늘리면서 앞뒤 몸판을 메리야스뜨기로 뜨고 이어서 밑단의 돌려 1코 고무뜨기를 뜹니다. 다 뜨고 나서 이전 단과 같은 기호로 코막음 합니다. 소매는 요크의 쉼코를 바늘로 옮기고 감아코의 중앙에서 2코씩 주워 메리야스뜨기와 돌려 1코 고무뜨기로 원통을 뜹니다. 다 뜨고 나서 밑단과 동일하게 처리합니다.
목둘레는 앞뒤에서 코를 줍고 앞 중심을 줄이면서 돌려 1코 고무뜨기를 뜹니다. 다 뜨고 나서 밑단과 동일하게 처리합니다. 겨드랑이를 정리합니다. 온수에 담가 뜨개코를 정리한 후 속을 화학솜으로 채워 말립니다.
※**32~37쪽**의 만드는 방법도 참고하세요.

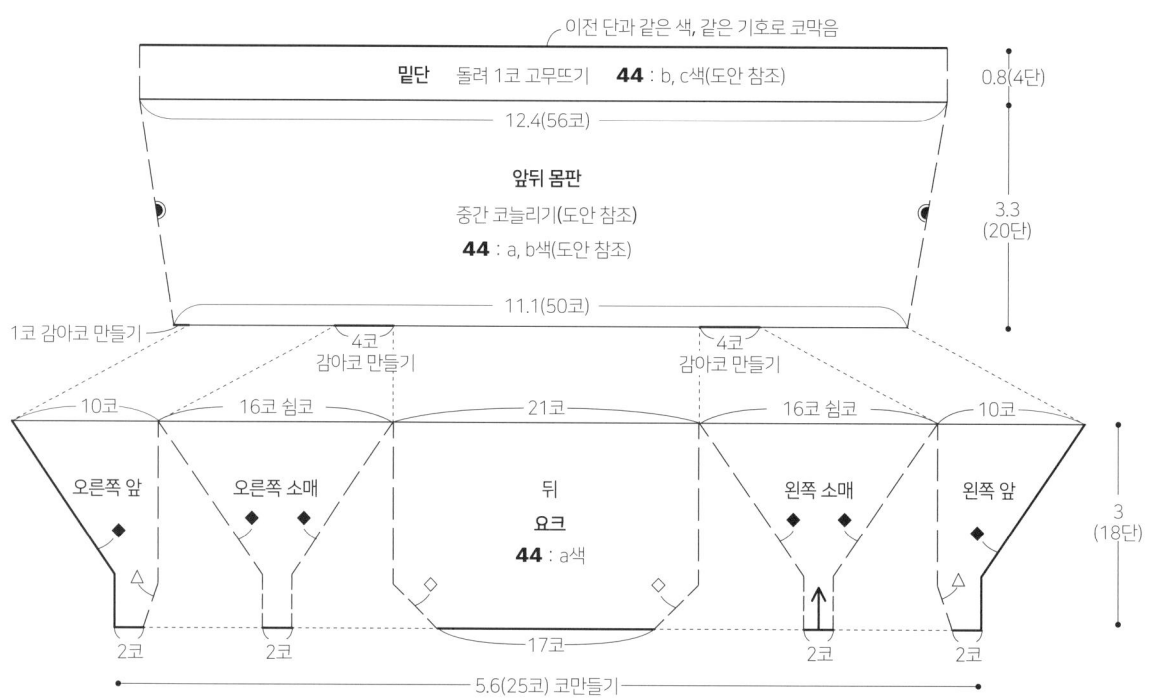

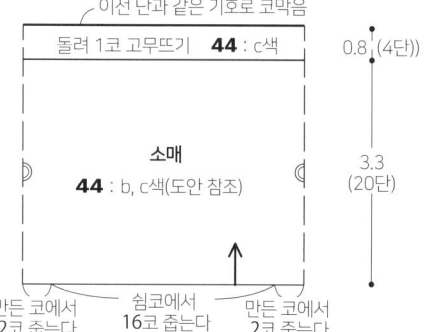

※매직루프는 63쪽 참조

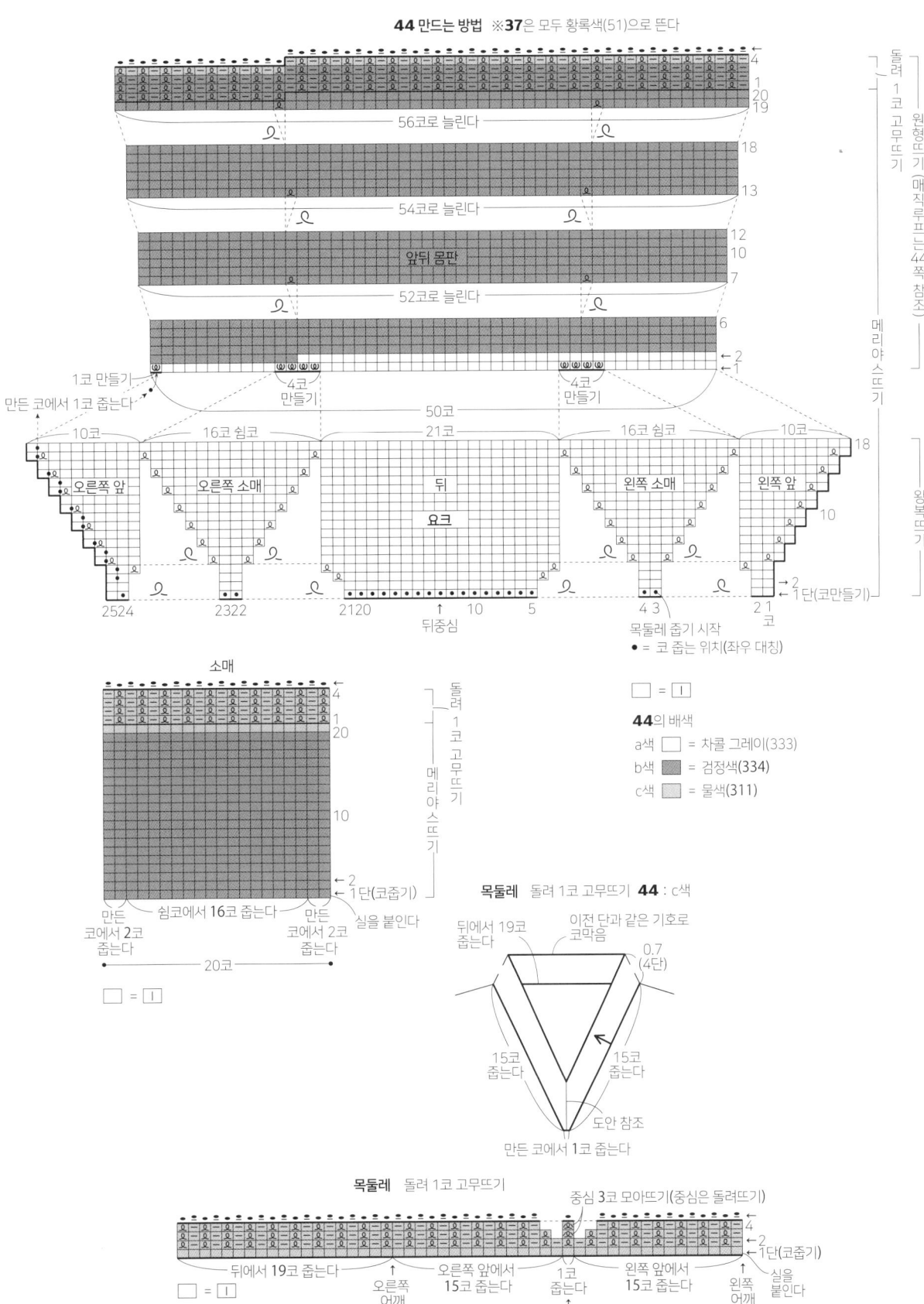

줄무늬 터틀 스웨터 39, 42 /p.16

《실》
39 퍼피 NEW 2PLY 딥블루(223), 오프화이트(202), 네이비(224), 라임그린(228)
42 퍼피 NEW 2PLY 보르도(220), 오프화이트(202), 그레이프(256), 로즈핑크(237)

《도구》
1.5mm 80cm 줄바늘

《게이지》
메리야스뜨기 줄무늬, 메리야스뜨기
가로세로 1cm × 1cm: 5.5코 7단

《크기》
품 5.8cm, 길이 5.7cm, 뒷목점에서 소맷부리까지 길이 9.9cm

《만드는 방법》
실 1겹과 지정된 배색으로 뜹니다.
실을 20cm 남기고 손가락에 실을 거는 방법으로 코를 만든 다음 칼라를 2코 고무뜨기로 뜹니다. 왕복으로 2단 뜨고 다음 단부터 원통으로 뜹니다. 이어서 요크를 메리야스뜨기 줄무늬로 늘리면서 뜹니다. 소매를 쉼코로 하고 다음 단에서 손가락에 실을 거는 방법과 감아코 만들기를 해서, 앞뒤 몸판을 메리야스뜨기로 뜨고, 이어서 밑단의 가터뜨기를 뜹니다. 다 뜨고 나서 코막음을 합니다. 소매는 요크의 쉼코를 바늘로 옮기고 감아코의 중앙에서 2코씩 주워 원형으로 메리야스뜨기와 가터뜨기를 합니다. 다 뜨고 나서 밑단과 동일하게 처리합니다. 시작 때 남긴 실로 칼라의 2단을 감침질로 이어줍니다. 겨드랑이를 정리합니다. 온수에 담가 뜨개코를 정리한 후 속을 화학솜으로 채워 말립니다.
※칼라가 잘 늘어나므로 위로도 아래로도 입힐 수 있습니다.
※32~37쪽의 만드는 방법도 참고하세요.

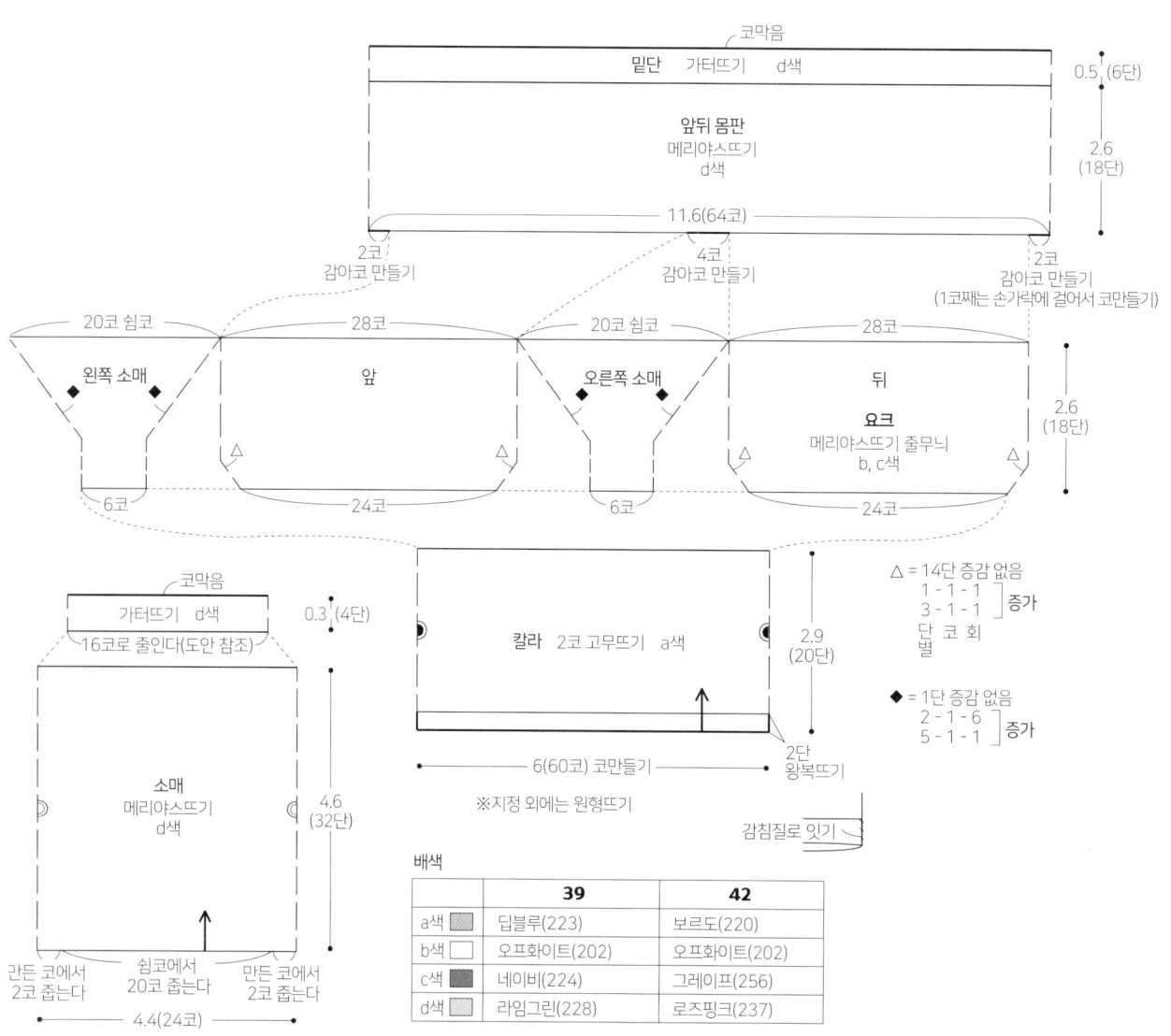

배색		39	42
a색		딥블루(223)	보르도(220)
b색		오프화이트(202)	오프화이트(202)
c색		네이비(224)	그레이프(256)
d색		라임그린(228)	로즈핑크(237)

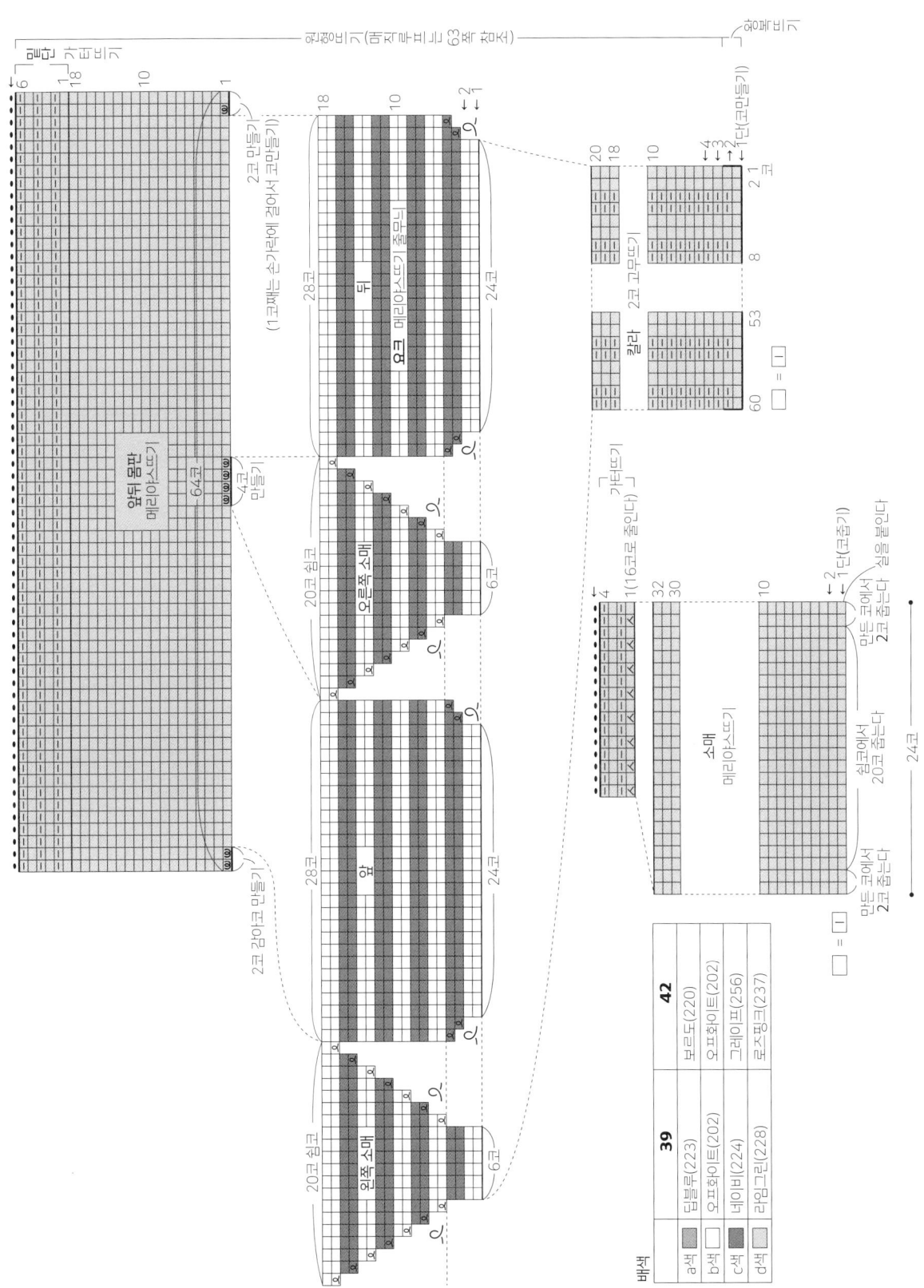

DOLL KNIT 71

2way 노르딕 카디건   47, 49, 50 /p.18   52 /p.19

《실》
47 퍼피 NEW 2PLY 모카(213), 보르도(220),
그레이프(256), 크림(234), 라임그린(228),
포레스트 그린(257), 모스그린(251)
49 퍼피 NEW 2PLY 스틸그레이(233), 오프화이트(202)
50 퍼피 NEW 2PLY 레드(221), 오프화이트(202)
52 퍼피 NEW 2PLY 크림(234), 포레스트그린(257),
에메랄드(259), 레몬옐로(260), 베이지(212),
그레이프(256), 민트그린(261), 레드(221)

《도구》
1.5mm 80cm 줄바늘

《기타》
지름 0.3cm 단추 5개

《게이지》
메리야스뜨기 배색 무늬 가로세로 1cm × 1cm: 6코 7단

《크기》
품 6.6cm, 길이 6.9cm, 뒷목점에서 소맷부리까지 길이 9cm

《만드는 방법》
실 1겹과 지정된 배색으로 뜹니다.
손가락에 실을 걸어 코를 만든 다음 목둘레를 돌려 1코 고무뜨기로 뜹니다. 이어서 요크는 메리야스뜨기 배색 무늬 A를 옆으로 실을 걸치는 방식으로 배색하며 늘리면서 뜹니다. 소매를 쉼코로 하고 다음 단에서 감아코 만들기를 해서 앞뒤 몸판을 메리야스뜨기 배색 무늬 B를 뜨고, 이어서 밑단의 돌려 1코 고무뜨기를 뜹니다. 다 뜨고 나서 이전 단과 같은 기호로 코막음을 합니다. 실은 자르지 않고 오른쪽 앞단의 주운코로 해서 돌려 1코 고무뜨기를 합니다. 왼쪽 앞단은 실을 붙여서 뜨고 단춧구멍을 만듭니다. 다 뜨고 나서 밑단과 동일하게 처리합니다. 소매는 요크의 쉼코를 바늘로 옮기고 감아코의 중앙에서 3코씩, 사이에서 1코 돌려서 줍습니다. 원통에 메리야스뜨기 배색 무늬 B와 돌려 1코 고무뜨기를 하고 다 뜨고 나서 밑단과 동일하게 처리합니다. 앞단을 맞대어 재봉실로 감친 다음, 온수에 담가 뜨개 코를 정리하고 화학솜을 채워 말립니다. 오른쪽 앞에 단추를 답니다.
※도안은 앞트임으로 설명하지만 앞뒤를 바꿔 착용할 수 있습니다.
※**32~37쪽**의 만드는 방법도 참고하세요.

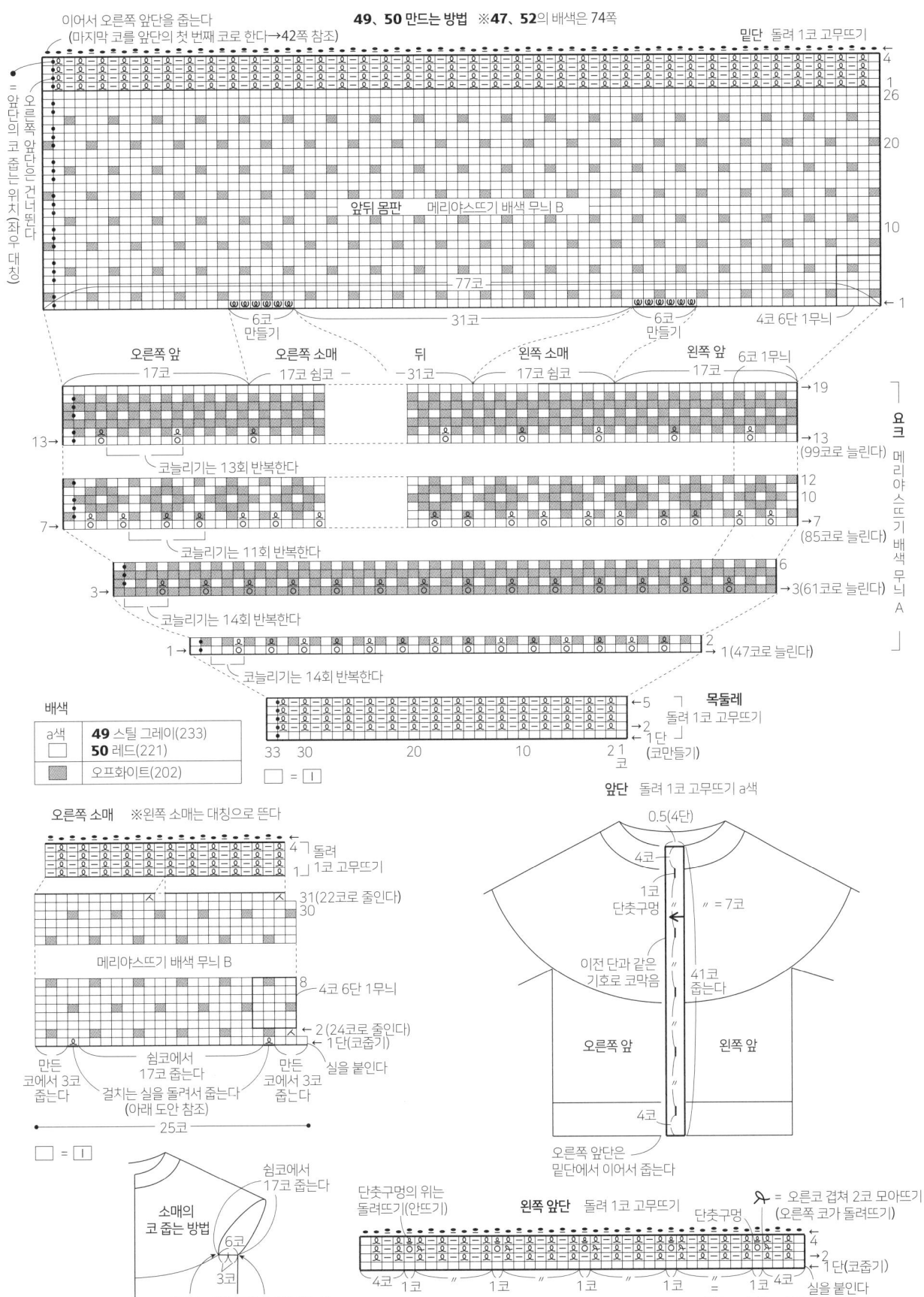

메리야스뜨기 배색 무늬 A, B의 배색

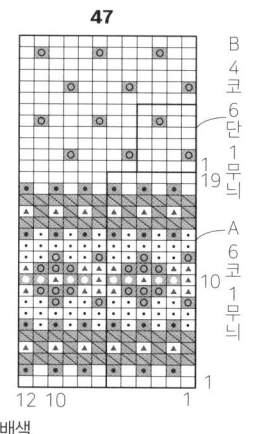

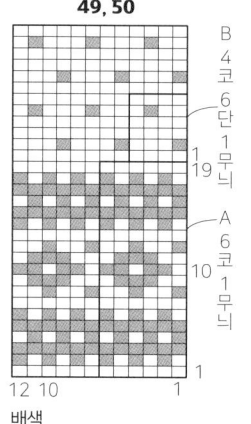

배색	47
□	a색 : 모카(213)
●	보르도(220)
◩	그레이프(256)
▲	크림(234)
·	라임 그린(228)
◉	포레스트 그린(257)
⊙	모스 그린(251)

배색	49
□	스틸 그레이(233)
▨	오프화이트(202)

배색	50
□	레드(221)
▨	오프화이트(202)

배색	52
□	a색 : 크림(234)
●	포레스트 그린(257)
◩	에메랄드(259)
▲	레몬 옐로(260)
·	베이지(212)
◉	그레이프(256)
×	민트 그린(261)
⊙	레드(221)

뜨개 고깔모자   19 /p.9, 18   46, 48 /p.18   51 /p.19

《실》

19 퍼피 NEW 2PLY 레드(221), 오프화이트(202)
퍼피 브리티시 파인 오프화이트(001)

46 퍼피 NEW 2PLY 모카(213), 보르도(220),
그레이프(256), 크림(234), 라임그린(228),
포레스트그린(257), 모스그린(251)
퍼피 브리티시 파인 그레이믹스(019)

48 퍼피 NEW 2PLY 스틸그레이(233), 오프화이트(202)
퍼피 브리티시 파인 오프화이트(001)

51 퍼피 NEW 2PLY 크림(234), 레몬옐로(260),
베이지(212), 민트그린(261), 포레스트그린(257),
에메랄드(259), 그레이프(256), 레드(221)
퍼피 브리티시 파인 그레이프(053)

《도구》
1.5mm 80cm 줄바늘, No.2 레이스용 코바늘

《게이지》
메리야스뜨기 배색 무늬 가로세로 1cm × 1cm: 6코 7단

《크기》
목둘레 8cm, 길이 5.6cm

《만드는 방법》
실은 2겹을 사용하지만 지정되어 있지 않으면 1겹을 사용합니다. 지정된 호수의 바늘, 배색으로 뜹니다.
본체는 손가락에 실을 걸어 코를 만든 다음 돌려 1코 고무뜨기로 뜹니다. 이어서 메리야스뜨기 배색 무늬는 실을 옆으로 걸치는 방식으로 배색해서 뜹니다. 실은 자르지 않고, 마지막 코를 겉면이 안으로 가게 맞대어 반으로 접은 다음 바늘 3개 코막음 합니다. 목둘레는 실을 붙여서 코를 줍고 가터뜨기를 줄이면서 뜬 다음 다 뜨고 나서 코막음 합니다. 끈을 스레드 코드로 뜨고 고정합니다. 온수에 담가 뜨개코를 정리한 후 속을 화학솜으로 채워 말립니다. 폼폼을 만들어 위쪽에 달아줍니다.

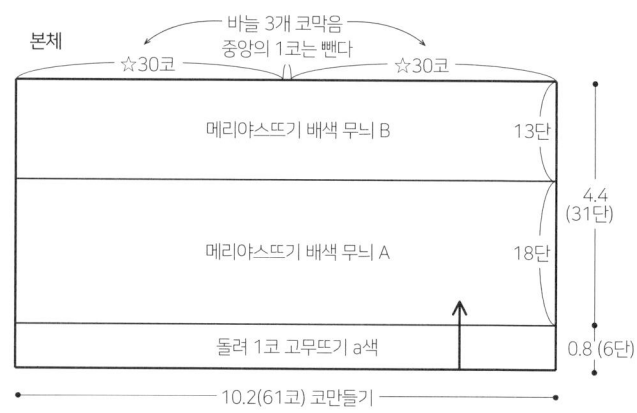

※폼폼 이외에는 퍼피 NEW 2PLY
※배색은 기호 도안 참조

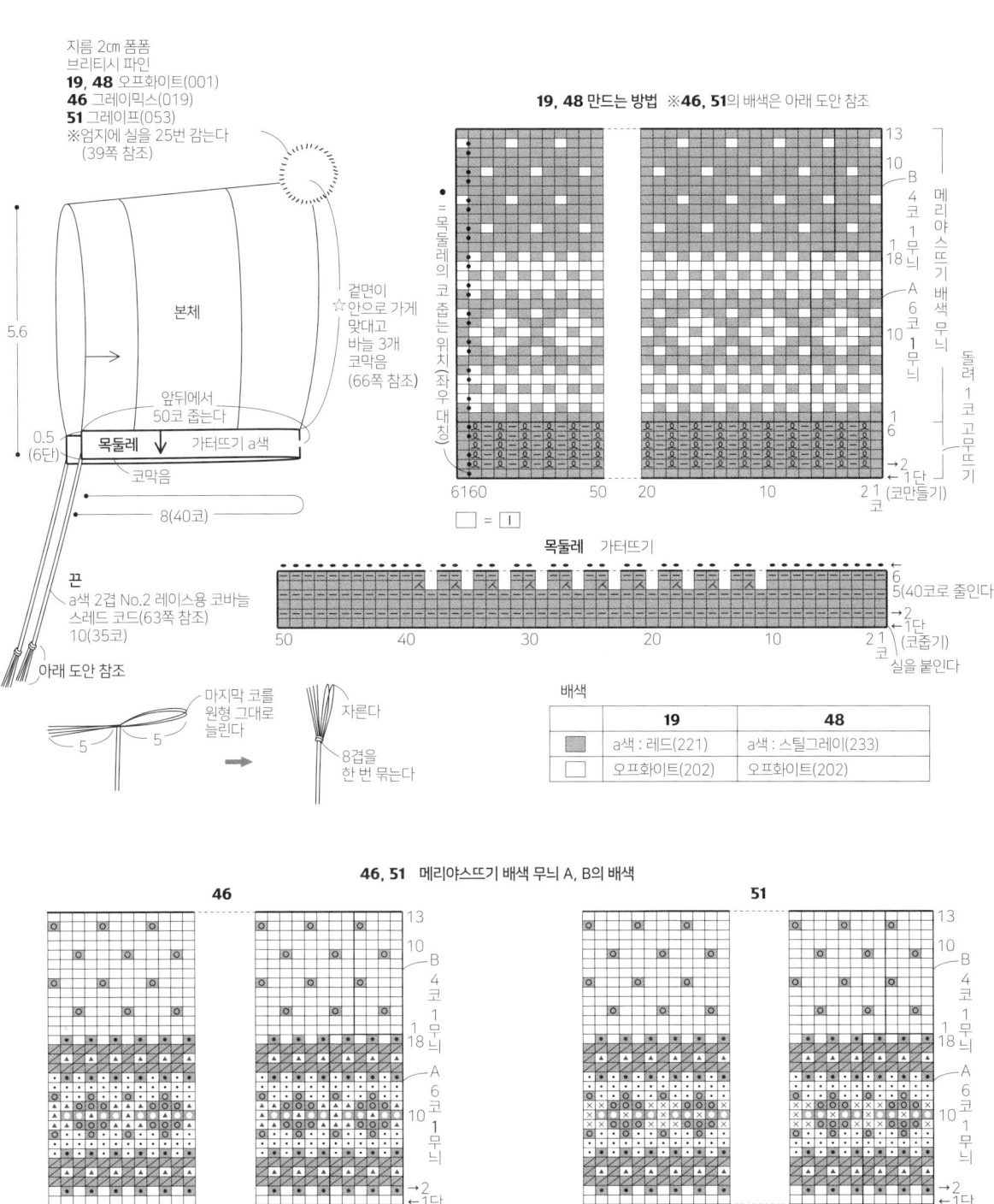

비니 38 /p.16, 29   41 /p.16, 29

《실》
퍼피 NEW 2PLY
38 딥블루(223) **41** 보르도(220)

《도구》
1.5mm 80cm 줄바늘

《기타》
폭 0.6cm × 길이 1.5cm 가죽끈, 재봉실

《게이지》
2코 고무뜨기 가로세로 1cm × 1cm: 7코 7.8단

《크기》
머리둘레 9cm, 깊이 5cm

《만드는 방법》
실 1겹으로 뜹니다.
실을 20cm 정도 남기고 손가락에 실을 걸어 코를 만든 다음 왕복 4단을 뜹니다. 이어서 원통으로 2코 고무뜨기를 하고 지정된 콧수로 줄입니다. 이어서 변형 고무뜨기와 1코 고무뜨기를 지정 콧수로 줄이면서 뜹니다. 다 뜨고 나서 마지막 코에 실을 통과시켜 조입니다.
시작 때 남긴 실을 이용해 왕복뜨기 4단으로 이어줍니다. 온수에 담가 뜨개코를 정리한 후 속을 화학솜으로 채워 말립니다(**36쪽** 참조).
가죽끈을 재봉실로 꿰매서 고정합니다.

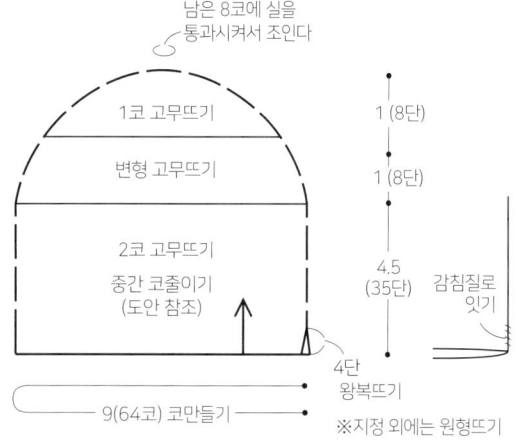

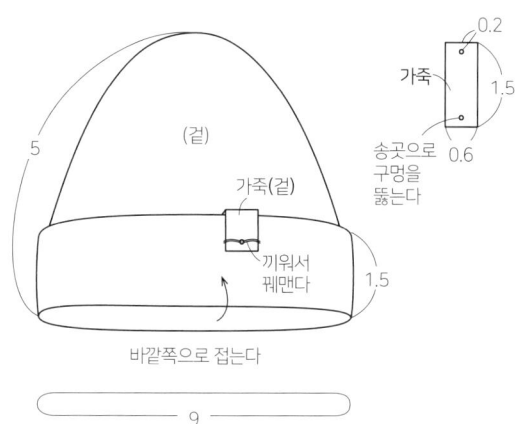

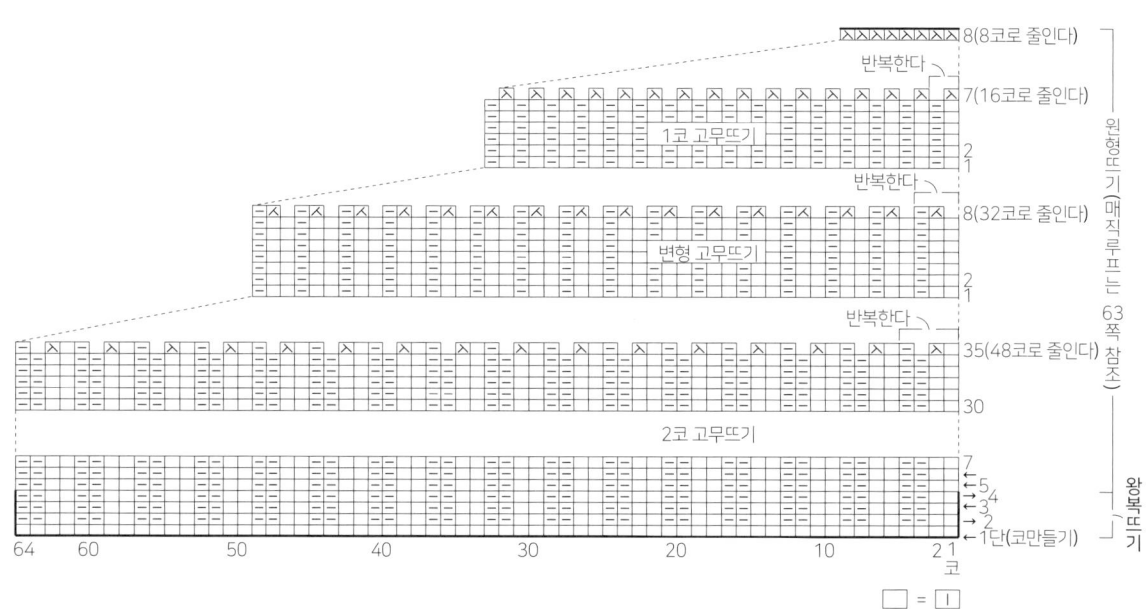

연속 모티브 벙거지　68 /p.23, 26　74 /p.25

《실》
올림푸스 사시코실 〈가는 타입〉
68 천연색(202)　**74** 흰색(201)

《도구》
N0.8 레이스용 코바늘

《게이지》
짧은뜨기 가로세로 1cm × 1cm: 7코 5단

《크기》
머리둘레 11cm, 깊이 1.8cm

《만드는 방법》
실 1겹으로 뜹니다. 사이드 모티브는 원형 코를 만들어서 뜹니다. 3단째는 이전 단의 사슬을 다발로 주워서 뜹니다. 다 뜬 후 실을 15cm 남깁니다. 6장 뜨고 남긴 실로 모티브끼리 반코 잇기 합니다. 톱은 원형 코를 만들어 짧은뜨기로 늘리면서 뜹니다. 실은 자르지 않고 사이드의 모티브를 앞쪽(뜨는 사람 기준)에서 겉면이 밖으로 나오게 겹치고 바깥쪽의 반코를 주워서 짧은뜨기 이랑뜨기로 이어줍니다. 브림은 모티브의 반코 바깥쪽에서 줍고 짧은뜨기로 원형으로 늘리면서 뜹니다. 마지막은 빼뜨기를 3코 뜹니다.

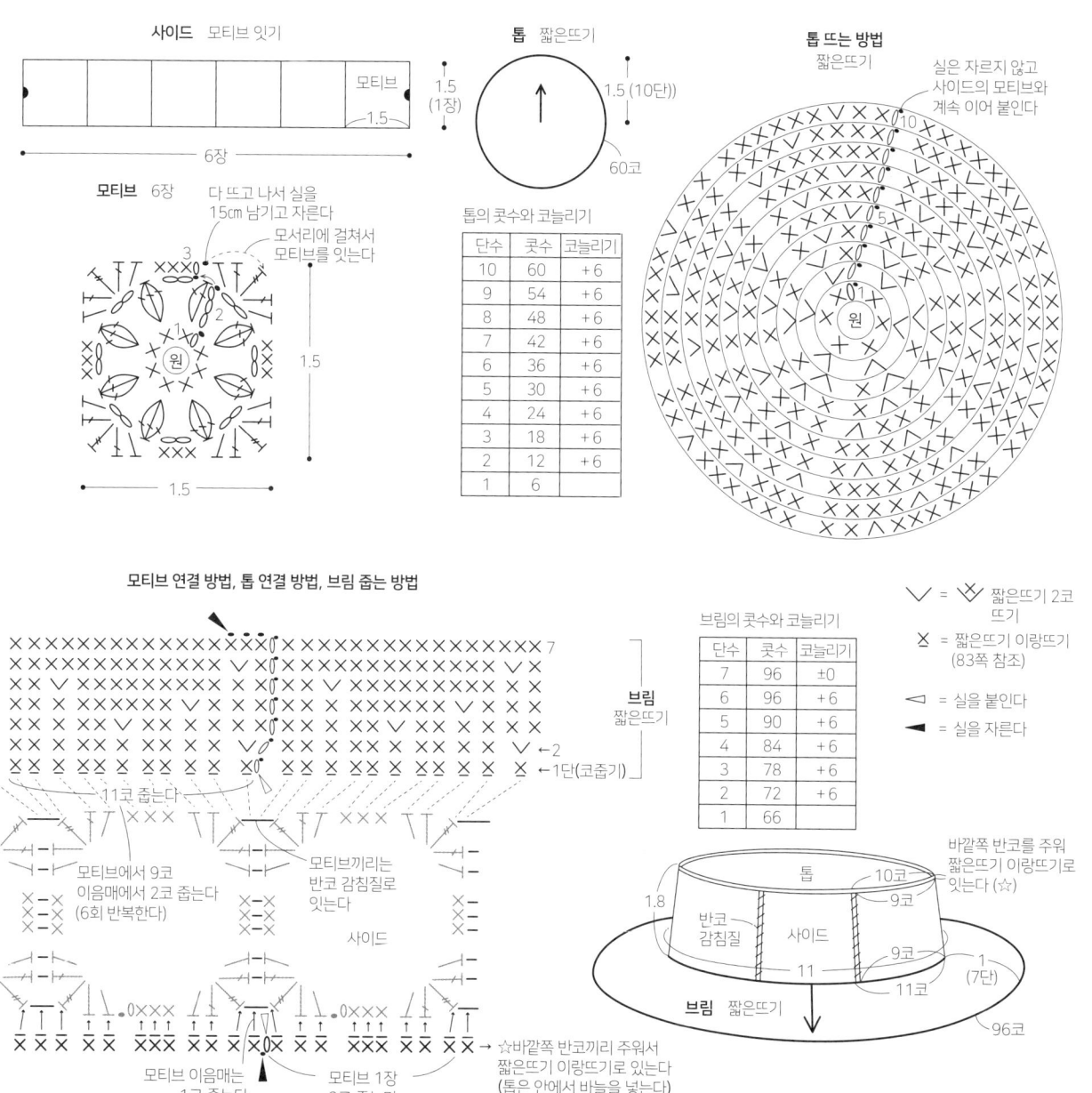

2way 모헤어 로우게이지 볼레로 53 /p.20
2way 로우게이지 볼레로 56 /p.20   76 /p.27

《실》
53 퍼피 키드 모헤어 파인 물색(25)
56 퍼피 NEW 2PLY 에메랄드(259), 민트그린(261)
76 올림푸스 사시코실〈가는 타입〉 천연색(202), 머스터드(205)

《도구》
2.75mm 80cm 줄바늘, No.0 레이스용 코바늘

《기타》
걸고리 후크 3개(후크 쪽만)

《게이지》
메리야스뜨기
53, 56 가로세로 1cm × 1cm: 3.1코 4단
76 가로세로 1cm × 1cm: 3.6코 4.5단

《크기》
53, 56 품 8.3cm, 길이 6cm, 뒷목점에서 소맷부리까지 길이 2.9cm
76 품 7.3cm, 길이 4.9cm, 뒷목점에서 소맷부리까지 길이 2.7cm

《만드는 방법》
53은 1겹, 56과 76은 2색 각 1겹씩을 가지런히 맞춰서 지정된 호수의 바늘로 뜹니다.
손가락에 실을 걸어 코를 만든 다음 목둘레의 가터뜨기를 왕복으로 뜹니다. 이어서 요크를 메리야스뜨기로 늘리면서 뜹니다. 소매를 쉼코로 하고 다음 단에서 감아코 만들기를 해서 앞뒤 몸판을 증감 없이 뜹니다. 이어서 가터뜨기를 하고 마지막 정리는 코막음으로 합니다. 실은 자르지 않고 레이스 코바늘로 가장자리뜨기를 합니다. 소매는 요크의 쉼코를 바늘로 옮기고 감아코의 중앙에서 2코씩, 사이에서 1코 돌려서 주운 다음 원형으로 뜹니다. 다 뜨고 나서 몸판과 동일하게 처리합니다. 온수에 담가 뜨개코를 정리하고 화학솜을 채운 다음, 시침핀으로 고정하고 말립니다. 왼쪽 앞에 걸고리 후크를 답니다.
※도안은 앞트임으로 설명하지만 앞뒤를 바꿔 착용할 수 있습니다.
※32~37쪽의 만드는 방법도 참고하세요.

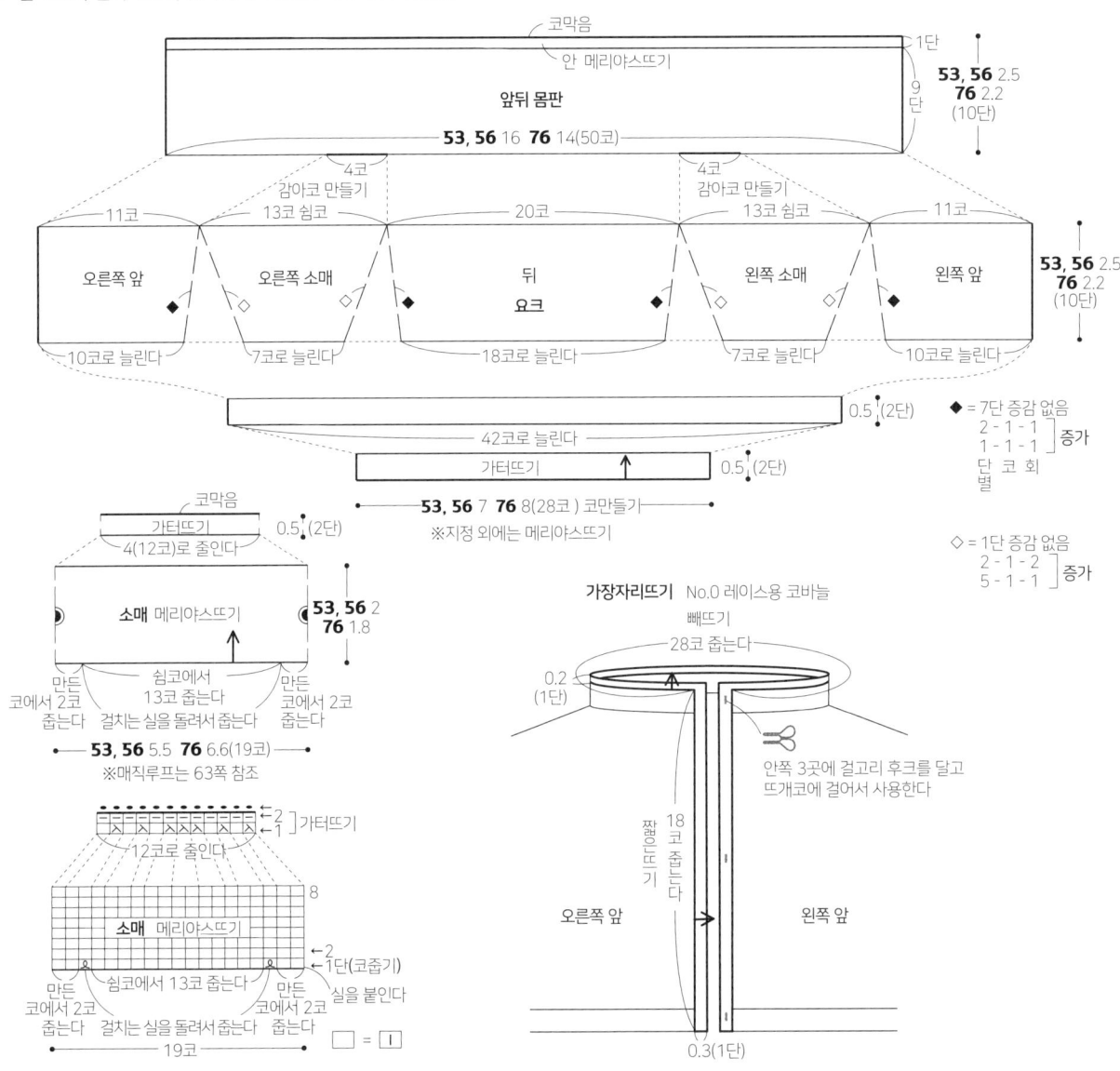

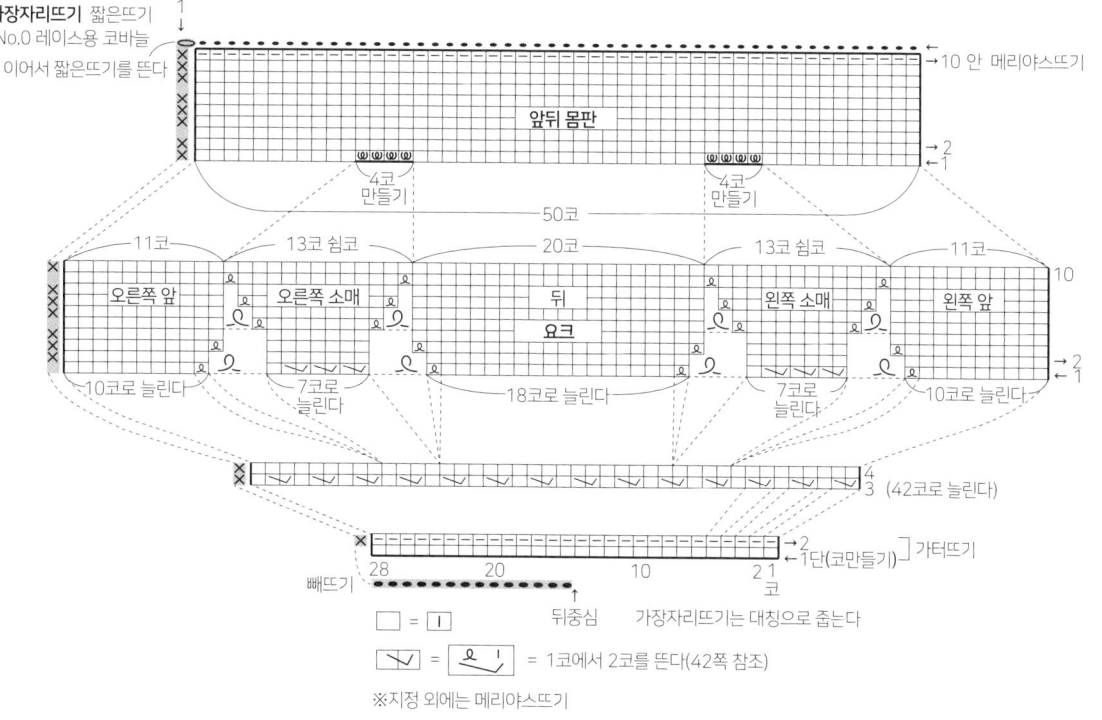

줄무늬 빅 풀오버 72 /p.24

《실》
올림푸스 사시코실 〈가는 타입〉 천연색(202), 하늘색(209)

《도구》
1.5mm 80cm 줄바늘, No.8 레이스용 코바늘

《기타》
지름 0.3cm 단추 3개

《게이지》
메리야스뜨기 줄무늬, 메리야스뜨기
가로세로 1cm × 1cm: 6코 8.5단

《크기》
품 8.3cm, 길이 5.8cm, 뒷목점에서 소맷부리까지 길이 4.5cm

《만드는 방법》
실 1겹과 지정된 호수의 바늘, 배색으로 뜹니다.
손가락에 실을 걸어 코를 만든 다음 밑단의 꼬임을 1코 고무뜨기로 뜹니다. 이어서 메리야스뜨기 줄무늬와 메리야스뜨기를 하고 어깨는 경사뜨기(남겨 되돌려뜨기, 40쪽 참조)로 합니다. 이어서 가터뜨기를 하고 마지막 정리는 코막음으로 합니다. 같은 것을 2장 뜹니다. 오른쪽 어깨는 맞대고 목 트임까지, 왼쪽 어깨는 2코를 감침질합니다. 소맷부리는 앞뒤에서 코를 줍고 가터뜨기를 왕복으로 뜹니다. 겨드랑이, 소매 아래는 떠서 꿰매기를 합니다. 앞판 왼쪽 어깨에 단춧고리를 답니다. 온수에 담가 뜨개코를 정리한 후(36쪽 참조) 평평하게 펴서 말립니다. 뒷판 왼쪽 어깨에 단추를 답니다.

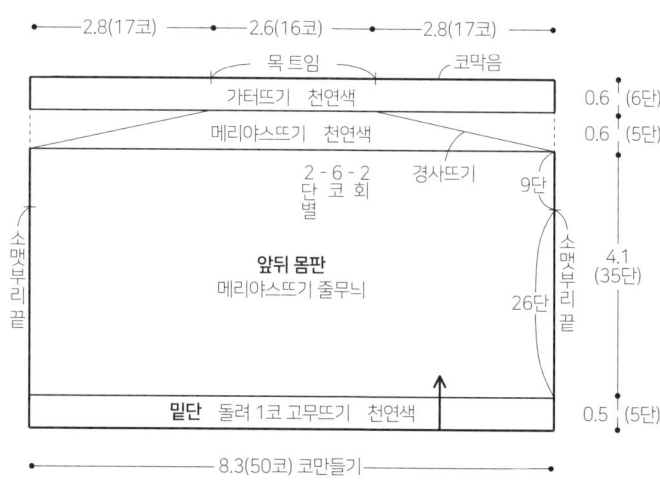

※지정이 없으면 1.5mm 바늘로 뜬다

다음 페이지에서 계속

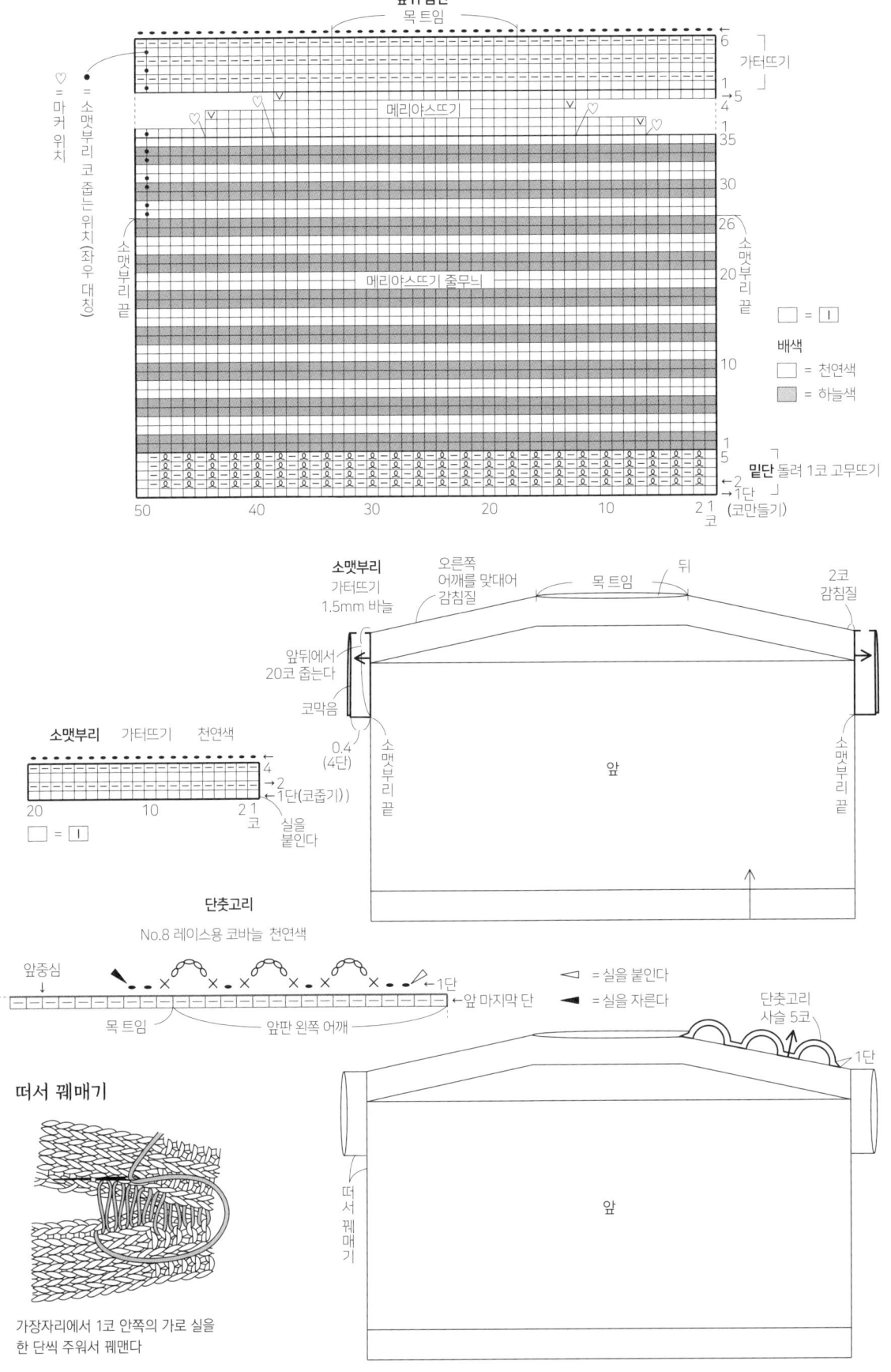

모헤어 코쿤 볼레로 59 /p.21 69 /p.23
코쿤 볼레로 67 /p.23

《실》
- 59 퍼피 키드 모헤어 파인 오프화이트(2)
- 67 퍼피 NEW 2PLY 라벤더(241)
- 69 퍼피 키드 모헤어 파인 옅은황록색(29)

《도구》
- 59, 69 2mm, 2.75mm 80cm 줄바늘
- 67 2.5mm, 3mm 80cm 줄바늘

《게이지》
- 59, 69 무늬뜨기 가로세로 1cm × 1cm: 3.5코 6.8단
- 67 무늬뜨기 가로세로 1cm × 1cm: 3.7코 6.5단

《크기》
길이 59, 69 10cm 67 9.1cm

《만드는 방법》
실 1겹과 지정된 호수의 바늘로 뜹니다.
실을 20㎝ 남기고 바늘 2개를 겹쳐서 손가락에 실을 걸어 코를 만든 다음 뜨기 시작합니다. 무늬뜨기를 증감 없이 뜹니다. 다 뜨고 나서 바늘을 바꿔 코막음을 합니다. 실은 자르지 않고 뜨개 면의 안을 밖으로 사용해 계속해서 가장자리뜨기를 원으로 뜹니다. 1단째는 끝의 반코를 줍습니다. 다 뜨고 나서 바늘을 바꿔 코막음을 합니다. 실을 20㎝ 남기고 자른 다음 소맷부리의 8코를 맞춰서 감침질합니다. 반대쪽은 뜨기 시작할 때 남긴 실로 동일하게 감침질합니다.

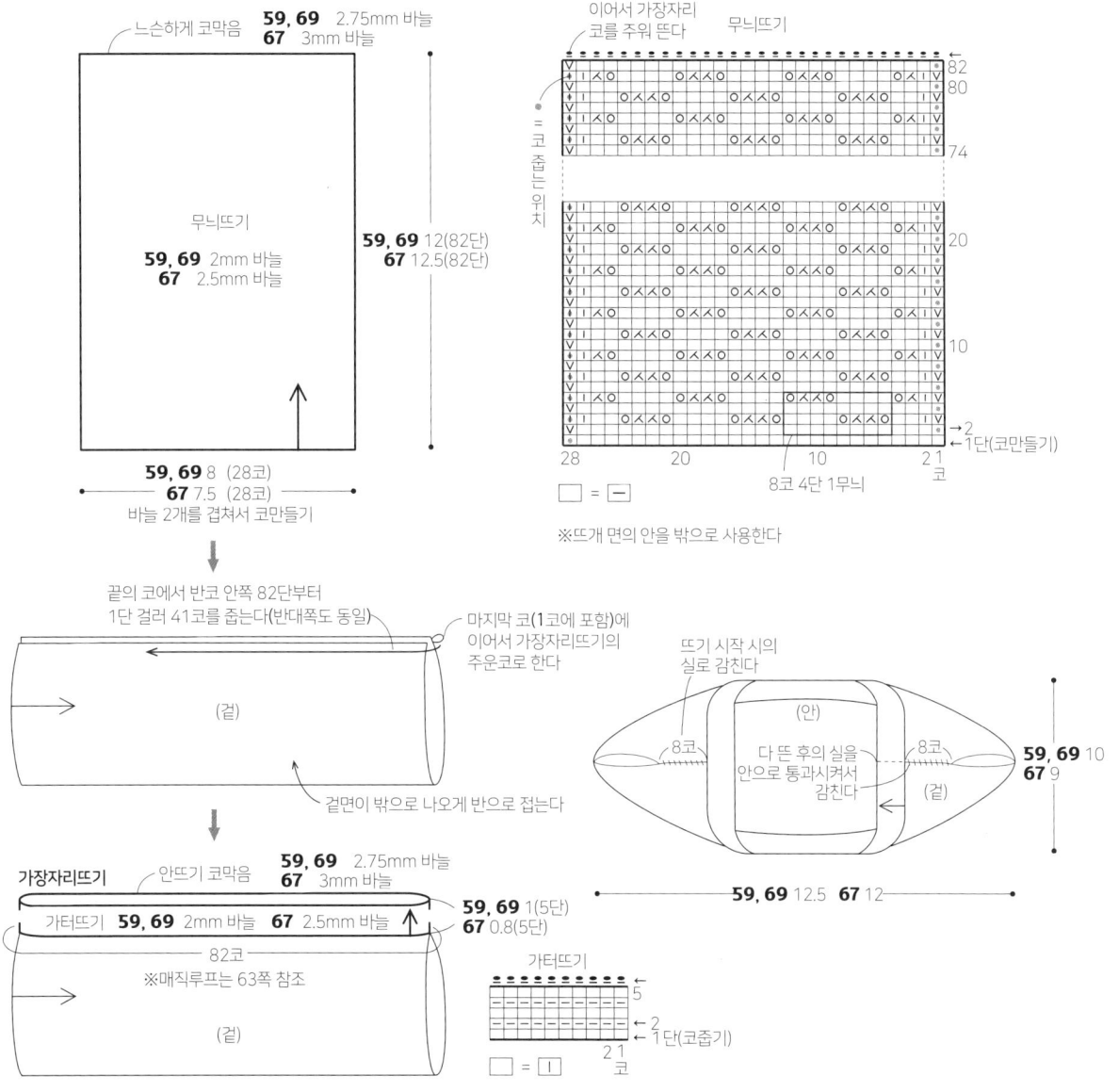

깅엄체크 스커트   57 /p.21   65 /p.22

《실》
57 퍼피 NEW 3PLY 그레이프(344)
퍼피 키드 모헤어 파인 라벤더(61),
퍼플(57), 오프화이트(2)
65 퍼피 NEW 3PLY 피스타치오(369)
퍼피 키드 모헤어 파인 옅은황록색(29),
그린(39), 오프화이트(2)

《도구》
1.75mm, 2mm 80cm 줄바늘

《게이지》
메리야스뜨기 배색 무늬
1.75mm 바늘: 가로세로 1cm × 1cm: 4.8코 4.8단
2mm 바늘: 가로세로 1cm ×1cm: 4코 4단

《크기》
몸판 둘레 7cm, 밑단 둘레 12cm, 길이 7.3cm

《만드는 방법》
실 1겹과 지정된 호수의 바늘, 배색으로 뜹니다.
손가락에 실을 걸어 코를 만들어 원형으로 허리부터 뜨기 시작합니다. 돌려 1코 고무뜨기를 뜨고, 이어서 메리야스뜨기 배색 무늬는 실을 옆으로 걸치는 방식으로 배색해서 뜹니다. 바탕실을 위, 배색실을 아래로 걸쳐서 증감 없이 뜹니다. 이어서 가터뜨기를 3단 뜹니다. 다 뜨고 나서 코막음 합니다. 온수에 담가 뜨개코를 정리한 후 속을 화학솜으로 채워 말립니다(**36쪽** 참조).

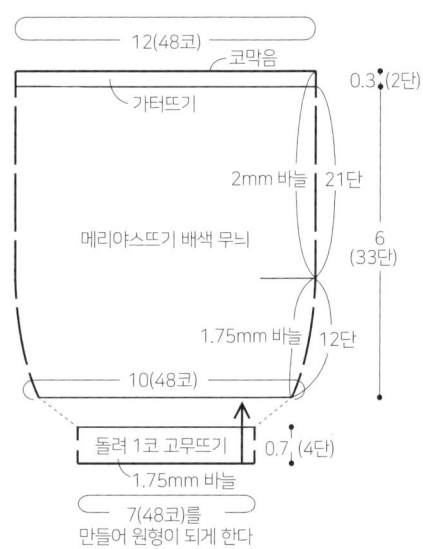

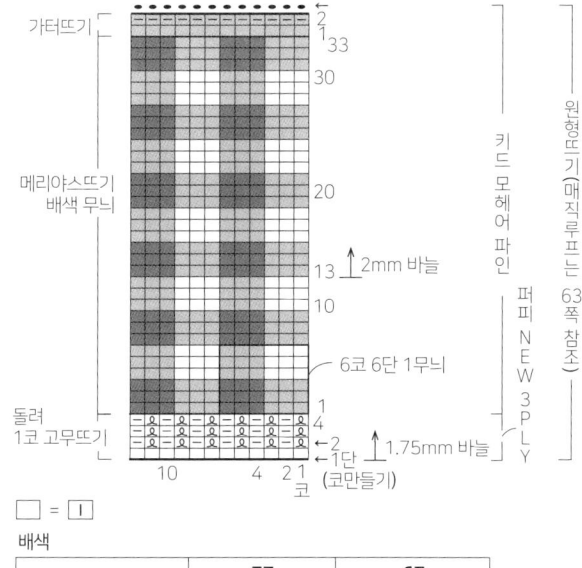

배색

	57	65
돌려 1코 고무뜨기	그레이프(344)	피스타치오(369)
	라벤더(61)	옅은황록색(29)
	퍼플(57)	그린(39)
	오프화이트(2)	오프화이트(2)

촘촘뜨기 클로슈   55 /p.20, 26   71 /p.24

《실》
DARUMA 레이스실 #40 무라사키노
55 천연색(2) **71** 옅은갈색(17)

《도구》
No.8 레이스용 코바늘

《게이지》
짧은뜨기 가로세로 1cm × 1cm: 5.7코 5단

《크기》
머리둘레 11cm, 깊이 3.8cm

《만드는 방법》
실 1겹으로 뜹니다.
원형으로 코를 만들어서 톱에서 뜨기 시작합니다. 2단째 이후 이전 단의 짧은뜨기 반대쪽 반코를 주워 짧은뜨기 이랑뜨기로 늘리면서 뜹니다. 사이드는 증감 없이 뜨고 브림은 늘리면서 뜨고 빼뜨기를 3코 뜹니다.

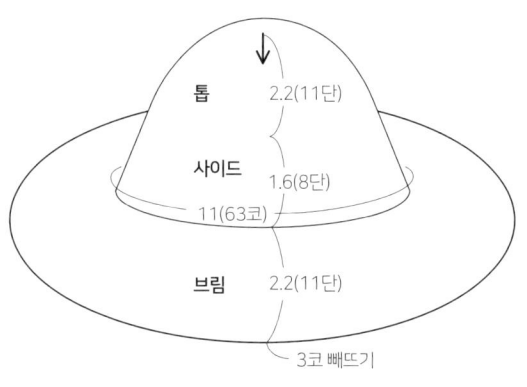

※2단 이후, 지정 이외에는 모두 짧은뜨기 이랑뜨기로 뜬다

▼ = 실을 자른다
브림

콧수와 코늘리기

	뜨개면	단수	콧수	코늘리기
톱	짧은뜨기 이랑뜨기	11	66	+6
		10	60	+6
		9	54	+6
		8	48	+6
		7	42	+6
		6	36	+6
		5	30	+6
		4	24	+6
		3	18	+6
		2	12	+6
	짧은뜨기	1	6	

	뜨개면	단수	콧수	코늘리기
브림	빼뜨기		3	
	짧은뜨기 이랑뜨기	30	132	±0
		29		+11
		28	121	±0
		27		+11
		26	110	±0
		25		+11
		24	99	±0
		23		+11
		22	88	±0
		21		+11
		20	77	+11
사이드		19~12	66	±0

× = ╳ 2단 이후, 모두 짧은뜨기 이랑뜨기
∨ = ⋎ 짧은뜨기 이랑뜨기를 2코 뜬다

╳ 짧은뜨기 이랑뜨기

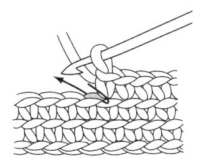

이전 단의 머리 뒤쪽 반코를 주워 짧은뜨기를 한다

DOLL KNIT

2way 오픈워크 볼레로 73, 75 /p.25

《실》
올림푸스 사시코실〈가는 타입〉
73 황록색(206)
75 물색(208)

《도구》
1.5mm 80cm 줄바늘, No.8 레이스용 코바늘

《게이지》
무늬뜨기 가로세로로 1cm × 1cm: 5.5코 8단

《크기》
품 5.7cm, 길이 4.9cm, 뒷목점에서 소맷부리까지 길이 4.7cm

《만드는 방법》
실 1겹과 지정된 호수의 바늘로 뜹니다.
손가락에 실을 걸어 코를 만든 다음 목둘레를 가터뜨기로 뜹니다. 이어서 요크의 1단째에서 79코로 늘리고 무늬뜨기로 늘리면서 뜹니다. 양 끝의 가터뜨기는 이어서 뜹니다. 소매를 쉼코로 하고 다음 단에서 감아코 만들기를 해 앞뒤 몸판을 뜹니다.
이어서 밑단의 가터뜨기를 하고 마지막 정리는 코막음으로 합니다. 소매는 요크의 쉼코를 바늘에 옮기고 감아코 코 만들기에서 1코를 주운 후 양쪽의 걸친 실을 돌려서 줍고 가터뜨기로 줄이면서 원형으로 뜹니다. 다 뜨고 나서 코막음을 합니다. 끈을 스레드 코드로 만들어 앞에 고정합니다.
※도안은 앞트임으로 설명하지만 앞뒤를 바꿔 착용할 수 있습니다.
※32~37쪽의 만드는 방법도 참고하세요.

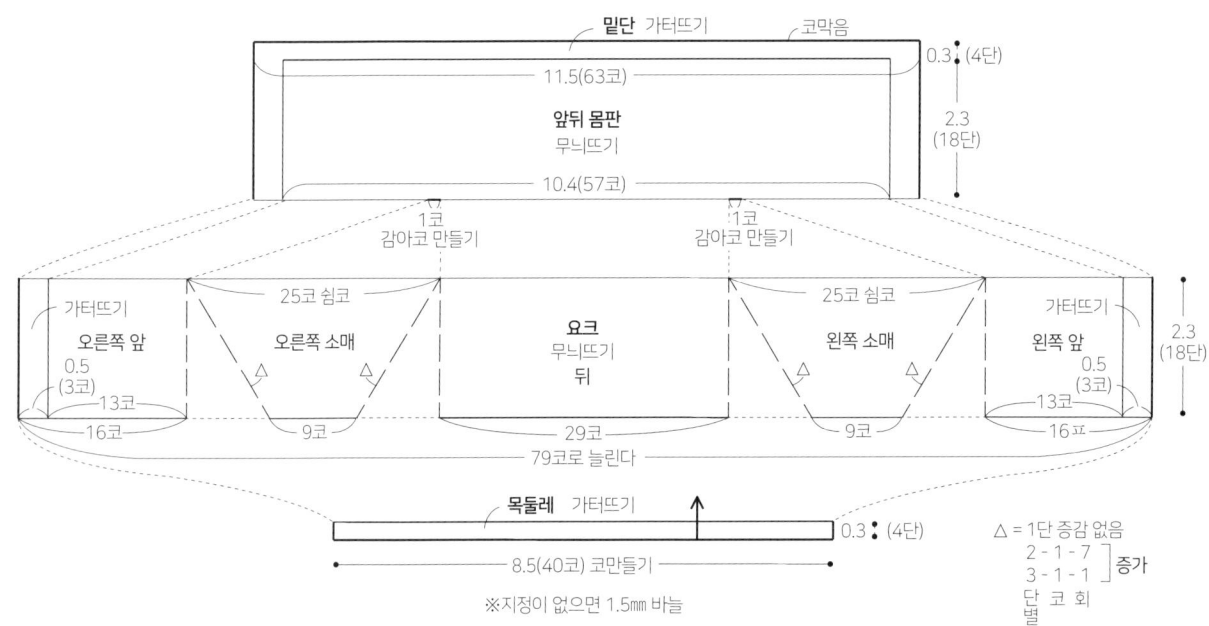

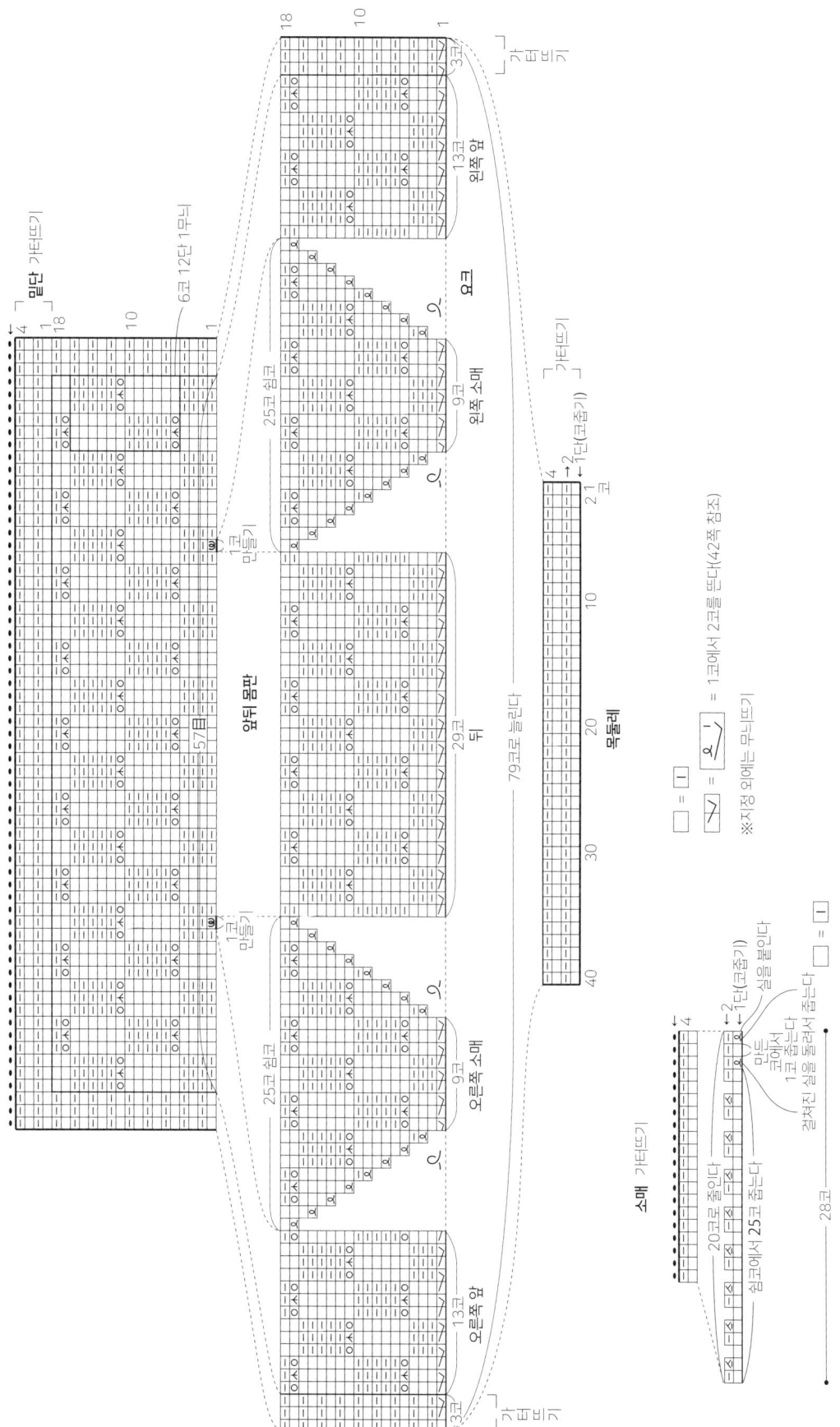

마르쉐 백 54 /p.20, 24, 27   77, 78 /p.27

《실》
54 DARUMA 레이스실 #40 무라사키노
  옅은갈색(17), 천연색(2)
77 DARUMA 레이스실 #40 무라사키노
  그린(10), 아이보리(3)
78 올림푸스 사시코실〈가는 타입〉천연색(202), 레드(212)

《도구》
No.8 레이스용 코바늘

《게이지》
1.5 무늬, 가로세로 1cm × 1cm: 2.5단

《크기》
폭 5.6cm, 깊이 5cm

《만드는 방법》
실 1겹과 지정된 배색으로 뜹니다.
바닥부터 원형 코를 만들어 뜨기 시작합니다. 2단째는 1단의 사슬뜨기를 다발로 줍습니다. 3단째 이후 모서리는 2단째와 동일하게, 그 외에는 코와 코 사이를 다발로 줍습니다. 이어서 옆면을 뜹니다. 도안처럼 한 무늬 건너서 줍습니다. 10단을 뜬 후 실을 자릅니다. 실을 붙여서 짧은뜨기를 한 바퀴 뜹니다. 2바퀴째는 손잡이의 사슬을 뜨고 짧은뜨기로 빼서 1코 세운 다음, 오른쪽 옆에서 뺍니다. 손잡이의 짧은뜨기는 만든 코의 뒷산을 주워서 뜨고, 이어서 짧은뜨기의 2단째를 뜹니다. 다른 한쪽의 손잡이도 동일하게 뜹니다.

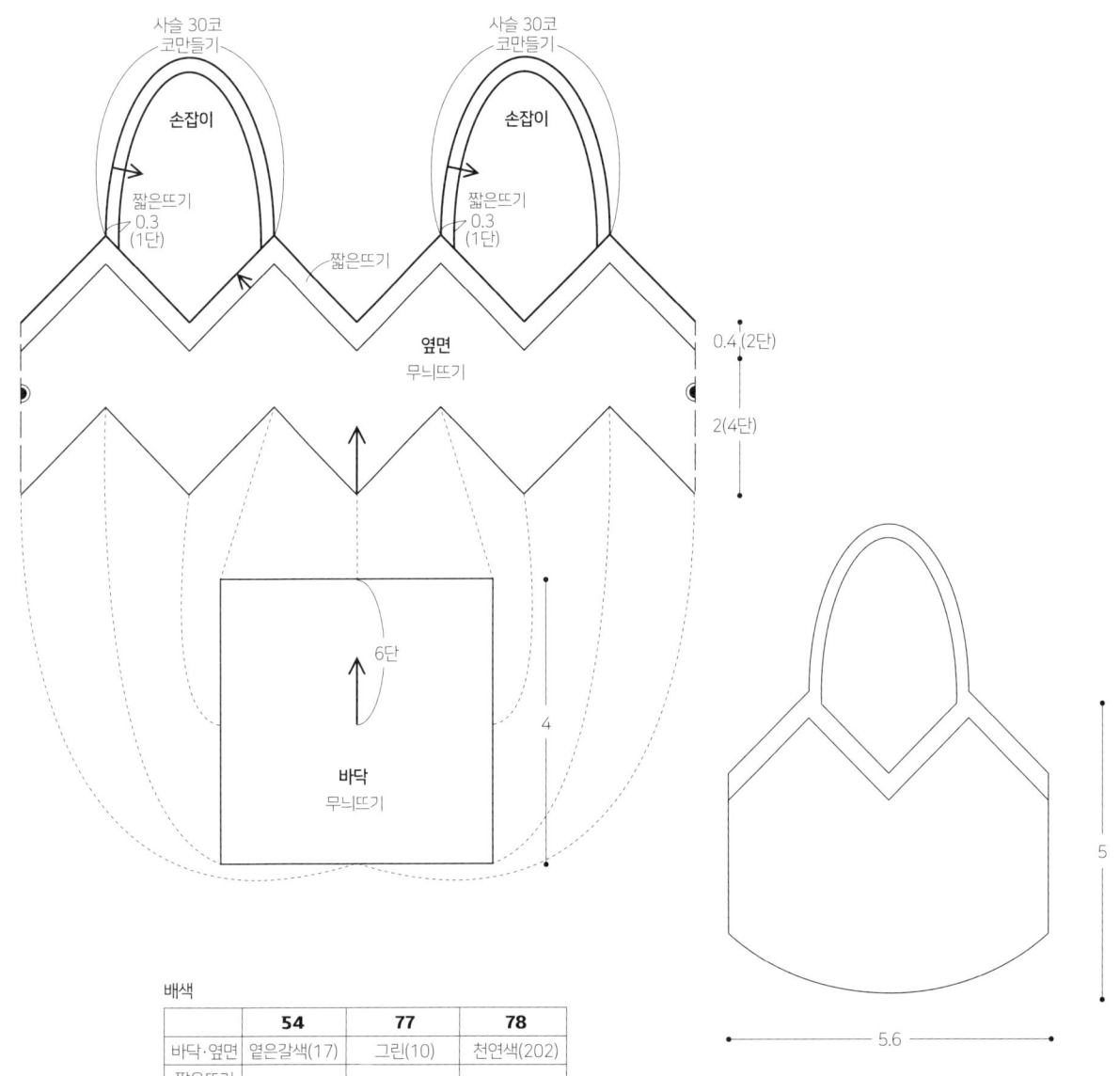

배색	54	77	78
바닥·옆면	옅은갈색(17)	그린(10)	천연색(202)
짧은뜨기	천연색(2)	아이보리(3)	레드(212)
손잡이			

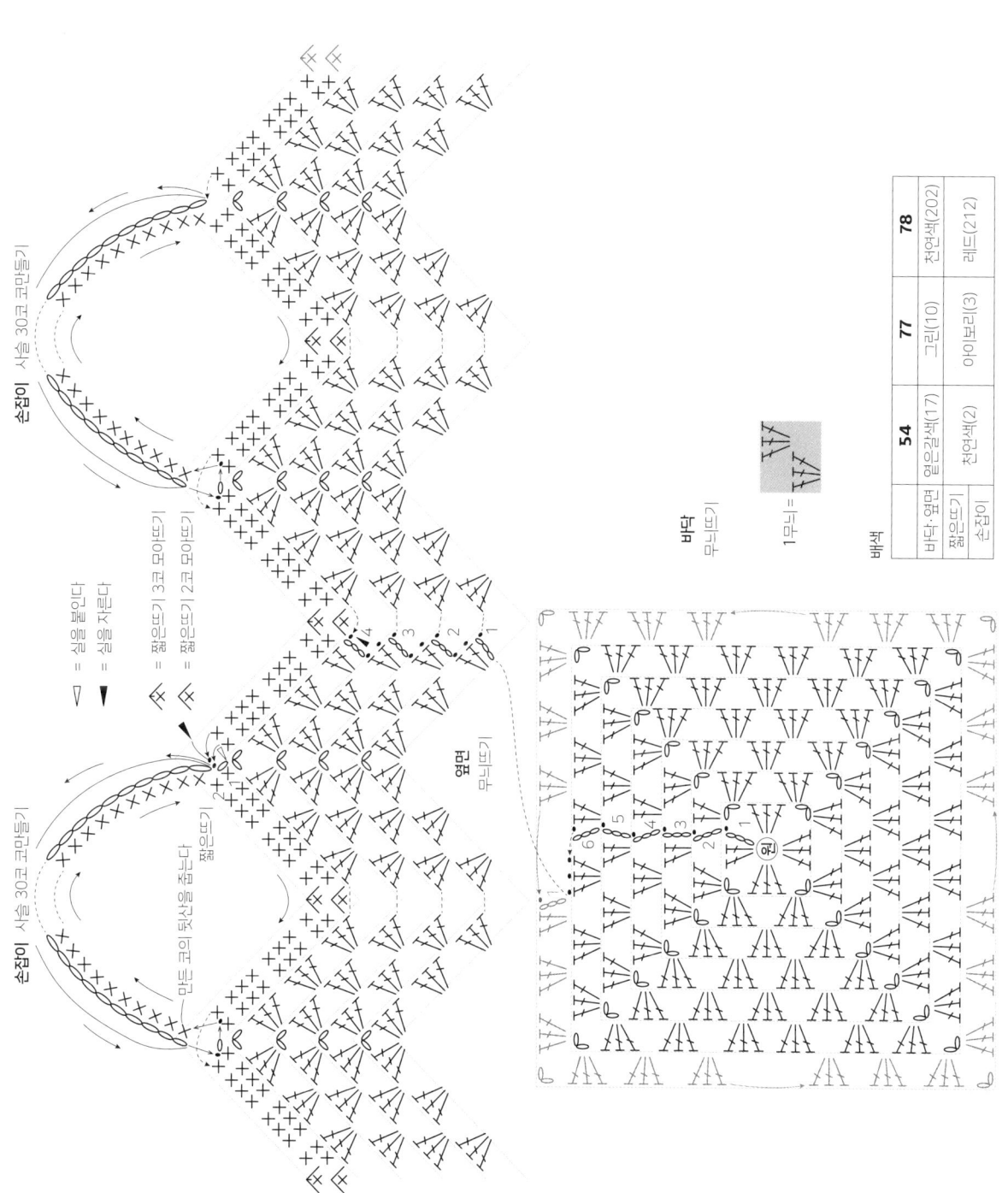

손뜨개 인형옷
20~22cm 인형을 위한 니트 스타일 80

초판 1쇄 | 2025년 11월 21일

지은이 | 와타나베 미에코 옮긴이 | 이은정 감수 | 이문옥
펴낸이 | 설응도 편집주간 | 안은주
영업책임 | 양경희 전자출판 | 설동호

펴낸곳 | 라의눈

출판등록 | 2014년 1월 13일(제2019-000228호)
주소 | 서울시 강남구 테헤란로78길 14-12(대치동) 동영빌딩 4층
전화 | 02-466-1283 팩스 | 02-466-1301

문의(e-mail)
편집 | editor@eyeofra.co.kr
마케팅 | marketing@eyeofra.co.kr
경영지원 | management@eyeofra.co.kr

ISBN 979-11-94835-19-6 13630

이 책의 저작권은 저자와 출판사에 있습니다. 저작권법에 따라 보호를 받는 저작물이므로 무단전재와 복제를 금합니다.
이 책 내용의 일부 또는 전부를 이용하려면 반드시 저작권자와 출판사의 서면 허락을 받아야 합니다.
잘못 만들어진 책은 구입처에서 교환해드립니다.

DOLL KNIT FOR 20~22cm DOLL SIZE
by Mieko Watanabe

Copyright © 2024 Mieko Watanabe
All rights reserved.
Original Japanese edition published by EDUCATIONAL FOUNDATION BUNKA GAKUEN BUNKA PUBLISHING BUREAU.
This Korean edition is published by arrangement with
EDUCATIONAL FOUNDATION BUNKA GAKUEN BUNKA PUBLISHING BUREAU, Tokyo in care of Tuttle-Mori Agency, Inc., Tokyo, through AMO AGENCY, Korea.

이 책의 한국어판 저작권은 AMO에이전시를 통해 저작권자와 독점 계약한 라의눈에 있습니다.
저작권법에 의해 한국 내에서 보호를 받는 저작물이므로 무단 전재와 무단 복제를 금합니다.

옮긴이 이은정
이화여자대학교를 졸업하고 일본어 교사 양성과정(문부성 승인)을 수료했다. 현재 번역 에이전시 엔터스코리아 출판기획 및 일본어 전문 번역가로 활동하고 있다. 역서로는 『쉽게 배우는 새로운 코바늘 손뜨개의 기초』 『코바늘 손뜨개 소품』 『나만의 북유럽 자수』 등이 있다.

감수 이문옥
니트레시피 대표이사 보그니트 전문가. 오랫동안 니팅과 뜨개 패턴을 연구하고 교육해왔으며 니트 인형옷으로도 세계를 넓히고 있다.

북디자인	쓰카다 카나 (ME&MIRACO)
촬영	야마구치 아키라
	야스다 조수이 (프로세스/문화출판국)
스타일링	와타나베 미에코
인형, 소도구 제작	와타나베 미에코
소도구 제작 협력	OTTO CHAN
발행인	세이키 타카요시
편집	고바야시 나오코
	미스미 사야코 (문화출판국)

[재료 제공]
올림푸스 실
https://www.olympus-thread.com TEL. 052-931-6679

DARUMA(요코타)
http://www.daruma-ito.co.jp/ TEL. 06-6251-2183

퍼피 (다이도포워드)
https://www.puppyarn.com/ TEL. 03-3257-7135

◎실은 판매 종료되었거나 더 이상 색상이 생산되지 않을 수 있으니 양해 부탁드립니다. ◎재료 표기는 2024년 11월 기준입니다.

[도구 제공]
튤립
https://www.tulip-japan.co.jp TEL. 0120-21-1420

※ 이 책에서 소개한 작품의 전부 또는 일부를 상품화, 복제 배포 및 콩쿠르 등의 응모작으로 출품할 수 없습니다.